此，再复制母婚姻

十亿人正在承受父母关系
所带来的人生伤痛

黄之盈 著

台海出版社

图书在版编目(CIP)数据

从此,不再复制父母婚姻:十亿人正在承受父母关系所
带来的人生伤痛 / 黄之盈著 . -- 北京:台海出版社,2017.5
ISBN 978-7-5168-1501-4

Ⅰ . ①从… Ⅱ . ①黄… Ⅲ . ①婚姻—通俗读物
Ⅳ . ① C913.13-49

中国版本图书馆 CIP 数据核字 (2017) 第 178954 号

著作权合同登记图字:01-2017-2348
本书简体中文版权由成都天鸢文化传播有限公司代理
宝瓶文化事业有限公司授权出版

从此,不再复制父母婚姻:
十亿人正在承受父母关系所带来的人生伤痛

著　　者:黄之盈

责任编辑:姚红梅　　　　　　装帧设计:WONDERLAND Book design
　　　　　　　　　　　　　　　　　　　　仙境 QQ:344581934
版式设计:麦田时光　　　　　责任印制:蔡　旭

出版发行:台海出版社
地　　址:北京市东城区景山东街 20 号,　　邮政编码:100009
电　　话:010 — 64041652(发行,邮购)
传　　真:010 — 84045799(总编室)
网　　址:www.taimeng.org.cn/thcbs/default.htm
E-mail:thcbs@126.com
经　　销:全国各地新华书店
印　　刷:北京朝阳印刷厂有限责任公司
本书如有破损、缺页、装订错误,请与本社联系调换
开　　本:880×1230　　　　1/32
字　　数:130 千字
版　　次:2017 年 10 月第 1 版　　印　　张:8
书　　号:ISBN 978-7-5168-1501-4　　印　　次:2017 年 10 月第 1 次印刷
定　　价:38.00 元

【推荐序一】

我选择，活出不一样的故事

黄锦敦（咨询心理师　作家）

　　读着之盈这本书稿，让我想起自己的一段童年往事。

　　在我成长的年代，父母体罚孩子是非常普遍的，而我又是家中最皮的孩子，所以身上不时留着被父母招呼过的伤痕，竹子的、藤条的、皮带的，这样的经验随着我长大，没多想，也就过去了。一直到二十几岁进入社会福利机构工作成了"儿童保护方案"的社工时，才发现自己小时候被打的情况是符合多项"受虐指标"的，那时候的我才开始用不同的方式回溯这段小时候的经历。

前前后后我花了几年时间，通过大量学习关于家庭关系、受虐儿童、管教的专业知识，尝试去理解那时候我的父母怎么了，如此爱我的父母怎会这样伤害我？而我自己又怎么了？这样的经验对我的影响是什么？这学习的过程让我最震惊的是，文献里提到有一定比例的受虐者未来可能会成为施虐者，那时候的我便下定决心，我一定得把这件事情好好整理，等有一天我成为父亲时，我绝对绝对不要再动手打我的孩子。

现在，我的两个孩子，一个十五岁，一个九岁，这些年，即使我气到不行，气到夺门而出，也没有对孩子动过手。我常想，我算是对得起当时那个许愿的自己，也对得起小时候被揍过的自己，没让自己不要的故事，不自觉地又一代代传下去。

其实当了父亲，我才体会到即使我很爱我的孩子，但盛怒的时候，心里头也常想着要狠狠揍他们一顿。原生家庭里的剧本是如此顽固地深埋心中，让我们带着长大，若没有学习、辨识、修正，常会悄悄地钻进我们的人生，造成恼人的困扰。在体罚孩子这件事情上，我之所以能跳脱原生家庭里我不想要的剧本，其中一个很重要的原因是我认真地重新学习，让更广阔的观点与知识帮助我更深入地思考，并学一些对我有用的新方法。

对我来说，之盈的这本书，就如同当年帮忙我的众多书籍一样，是肥沃土壤的一部分，让人对自身所发生的事多了一种理解的可能。更珍贵的是，书中提供许多具体的方法与练习，让人有机会通过某些方法修复过去的创伤、经营出新的质量关系，所以对于过去曾在原生家庭有受困经验而影响现在亲密关系的人，这会是一本非常具有实用价值的书。其中，我特别喜欢书里关于"自我对话"的练习，例如以下这一段我们可以说给心里头受伤孩子的话语：

亲爱的小孩……你是你，如此的独特，你不用一直这么无所依。你值得被尊重、捧在手心疼，因为你不需要理由就值得被爱、被接受。你不用将自己缩小，才能让别人怜惜你；你也不用将自己摆得很低下，仰望着谁会发现你。

记得你是你，别再为难自己，你是最该被好好看见，自己更应该去好好展现。不用担忧、不用惧怕，你可以成为你自己。成为自己是多么美好的一件事情，就像这个世界上拥有这么一个独特的你。

当我第一次读到这篇祝祷文时，我放下书稿，抬起头望着远方，心里想象着：如果小时候那个抚着伤口哭泣且自责怎么那么不乖的我，可以听到这样的一段话语，那该会多好！

【推荐序二】

智慧与美丽的交会

徐秀婕（台北市立明德国中校长）

常常听已婚者说，婚姻是爱情的坟墓，婚姻不只是两个人的事，更是两个家庭的事……这往往是在婚姻中体会、累积的感受。但婚姻其实也是一种人我关系，是自己与另一半、另一个家庭、社会互动的关系。在亲密的婚姻关系中，如果能有一双清澈明白的眼睛，能洞悉婚姻中的盲点，如果能有一颗正向同理的心，能体察伴侣之间的互动，是不是就能让婚姻走得更顺利、更长久？

处于婚姻之中者，能否在婚姻经验中，保有这么清澈明白的眼睛、正向同理的心，甚至可以帮助其他的已婚者？还是在充分的专业涵养与人格特质的交融下，可以让咨询心理师在婚姻、亲子关系之间，为受困者、受苦者找到一条蜿蜒小径，而得以柳暗花明、离苦得福？在之盈身上，我看见咨询心理师的强大能量与温柔坚定。

之盈是专业的咨询心理师，也是学校专任辅导教师，当年以全市第一名的成绩分配明德国中，成为众师生倚重的正向能量。这几年来，校园里有之盈老师，是件无比幸福的事情。学校中的专任辅导教师必须处理二三级辅导个案，然而许多个案背后，往往隐藏着一个高风险家庭，一个可能有破碎之虞的婚姻，或是一份没有结局的感情。这些个案的苦与忧，在之盈老师的抽丝剥茧、悉心陪伴下，渐渐地得到理解与曙光。

专任辅导教师的角色很难，但之盈恰如其分地诠释了这个角色。辅导工作的难处，常常在于"立竿无法见影"，因为辅导是一种助人工作，既然是处理人的需求、人的问题，就很难有既定的逻辑。之盈总是以一贯的笑容、明亮清澈的眼睛，用心去看见每一个在校园生活中与她相遇的有缘人，以自己咨询心理师的专业，运用咨询辅导的策略，帮助师生拨开迷雾，找到幸福。

我想，这样的功力，源自于咨询心理师的专业养成与不断精进的实务经验。之盈毕业自高雄师范大学辅导与咨询研究所，学有专精，不在话下；之盈也是乐于进修、乐于分享的终身学习者，在工作之余，经常主动参加研习，精进自己的专业，更愿意主动关怀需要的人、为人服务，善聆听、善提问、善沟通，也在一次次的咨询历程中，找到更多助人机会。

前几天，在我公开授课的课堂里，之盈不仅敏锐地观察到孩子的细微表情，也与我讨论起与学习怯懦的孩子们的互动方式。在这种专业对话里，我享受着之盈用心、用爱散放的智慧与美丽。

感谢出版社出版了之盈的这本好书。我一直深信，咨询辅导工作不仅在于治疗，更在预防。阅读完全书之后，我看见当我们能通过自己与自己的对话，通过自己与他人的关系建立，生命能找到更光亮的出口。谢谢之盈的慷慨分享，谢谢上天给予之盈如此的智慧与美丽，于此结缘、在此交会。愿这本书，成就更多幸福家庭。

Part 1

**亲爱的，我们明明如此相爱，
为什么结了婚，却吵不停**

Part 2

为什么另一半的地雷这么多

Part 3

在婚姻关系中，表面上看起来是和另一半相处，但其实是不断重新经历自己过往与父母的关系

我从小告诉自己，不要像爸妈，
但结了婚，我却和父母一样！

Part 1
亲爱的，我们明明如此相爱，
为什么结了婚，却吵不停

压抑型——

唱衰型——

冷漠型——

依赖型——

受虐型——

闪躲型——

过度理性型——

完美主义型——

无法不成功型——

负面思考型——

拒爱型——

害怕独活型——

自卑型——

一、压抑型
婆婆是我和先生之间的小三

声东击西、意有所指的说话方式，
非常常见。

她是一个任劳任怨的好媳妇。她和先生结婚将近二十年，可是就在这几年，她的身体状况急转直下，让先生非常着急。

在一次晕倒后，到医院检查，意外发现她罹患红斑狼疮，这是一种身体免疫系统所引起的风湿疾病，免疫系统会不断地攻击自己的细胞。其实先生心知肚明为什么太太会得这种病。

"好了，好了，这些都别做了，你休息吧。"他温柔地对太太说。

太太刚与他结婚的时候，婆婆就对她非常反感，态度更是反反复复、不断挑剔。她常常因为听不懂婆婆"意有所指"的话而感到要崩溃。而先生只能劝太太忍耐，没想到如今却忍出了病痛。

其实还不只是婆婆，连公公也不太尊重他们。好几次，门都不敲就突然闯进他们房间。太太一开始会抱怨，但眼看先生也无可奈何，她也只好一再忍下。

她来自一个军人家庭，传承了军人世家"吃苦就是吃补"的信念，将高压的处境当成一种人生的挑战，面对公婆的含沙射影和不尊重，耿直的她照单全收，如今却赔上了自己的健康。

心理咨询师这样说：

"最亲的人给予不一致的讯息，足足可以把人逼疯。"

她所遇到的婆家状况，时有所闻，而她也认为"努力就可以改变现况"。但她所面临的挑战是，她面对的婆家，并不是用原生家庭所教给她的处理方式，就能安然过关，尤其是与她沟通时态度常反反复复的婆婆。

如果长辈给晚辈的讯息复杂度太高，或总是双重讯息，让晚辈无法辨识时，晚辈通常会采取以下的方式来应对：一、选择迎合；二、保持距离；三、充耳不闻。

"意在言外"，让人猜得好累

这种声东击西、意有所指的说话方式，非常常见。例如：长辈跟你提起："你的二叔很孝顺，你看看他，又会念书，又会赚奖学金，从来都没有让我烦恼过。"可能长辈在说这句话的同时，也在暗示你，唯有"会念书，又赚奖学金，又不让大人操心"这样的孩子才是大人认可的好孩子，并希望你也这样做。

又或是："表面骂弟弟，其实是骂给爸爸听，希望爸爸参与。""要求哥哥要乖，其实也是要求妹妹。""暗示隔壁邻居有多体贴，其实是希望老公体贴。"

这些意有所指也许是希望整个家庭能够更和睦，要大家都往更好的方向前进，但这可能也会造成家庭沟通的阻碍。

例如当妈妈说："你不用帮我，我可以自己来。"言下之意是："你得帮我，且帮到我的标准为止，不然我永远都不满意。"

当长辈说："你去做自己的事吧！不用管我。"但实际上又常抱怨都没家人在家里陪他，因为他心里的真正意思是："你怎么这么不孝，理我一下，有这么难吗？"

当婆婆跟媳妇说："你先去休息吧！"背后却说："我儿子真娶了傻媳妇，叫她休息，还真的休息。"

当病弱的父亲说："走开，我不需要任何人。"但在下意识，你知道父亲的真正意思是："这时他非常需要你"。

当母亲说："我不需要你给我任何交代，我不想逼你。"言下之意是："你应该要主动给我交代清楚！"

对方渴求的是，你的关注

面对这种"明示、暗示投注希望，却又在被戳破的同时，否认并跟你说，我没有要你这样做啊！"的时候，孩子常会感到混乱。这种模棱两可的反向讯息，让我们感到混乱，以至于动弹不得。在家族治疗上，称这样的情形为"双重束缚"。尤其亲子之间常会出现。

同样的话，包括"你都不用给我消息，没关系"。其实是：

"记得，到哪里都要给我消息。"再例如"我干嘛要听你的？"其实是："难道你看不出来，我在讲反话吗？"

这些错综复杂的讯息，虽然彰显我们文化的一部分，但这是情感的羞于表达（觉得不好说、不方便说），所以间接地给予相反的讯息；想要让对方猜心，"希望别人就是自己肚里的蛔虫"的需求非常强烈。

这种类似"我都不用说，你就好懂我"的剧情，真正渴求的是对方的关注与在乎。但这样的表达方式，反而会将对方推得更远，以及制造出不必要的误会与困扰。

摆脱父母婚姻关系的练习：

故事中的太太，她婚后的家庭关系牵扯到几个层面：第一，她得认清并面对她在原生家庭所习惯的应对方式其实对现况并没有帮助；第二，必须学习辨识出家庭中，尤其是婆婆给予的双重讯息；第三，面对家中界线不明而老公无能为力的困境。

当她希冀丈夫是家中的一分子，能够为她出面的时候，她先生却总是希望息事宁人，长期积累下来，她的身体终究会支撑不住。

撕下你身上的负向标签

在亲密关系或者家庭关系中，一、辨识出双重讯息是非常重要的。二、你要记得自己有机会可以摆脱，或者重新选择。三，则是要认清自己的限制，这样才有机会松绑。

很多人面对双重讯息时会痛苦挣扎，原因在于，双重讯息挑战着"他们是不是不够聪明""是不是表现得不够好"这些负向的标签。这些负向标签得由你自己撕下来，你也得自我肯定，当你听不懂言下之意，被认为很笨的同时，被挑战到的是自己的自尊心？自信心？还是对自己的认同感？

你终究要认清一件事情，你不是任何人肚子里的蛔虫，听不懂是正常的，不要太过苛责。另外，也需要划清与对方的界线，并厘清哪些是过度的苛责，哪些是你该做的，这样才能让自己有机会轻松。

照顾自己的感受与设限练习

步骤一：试想一个让你困扰的对象，可能是过度干涉你的生活，要你按照他的话去做，或者让你感到强势、不敢拒绝的家人。

步骤二：请在三分钟内写下，对于拒绝他，你的所有焦虑和困难。

1.

2.

3.

4.

5.

步骤三：重新检视这些想法合理吗？哪些想法让你感到过度负荷，回想起来很不舒服，甚至是让你认为自己不够好？

步骤四：当你被挑战的时候，其实是你挣扎在是否要尊重自己感觉的时候。请你在此时照顾自己的真实感受，告诉自己："没做到，不会怎么样！""没达成，不代表我是笨蛋。""我无须忍受这些。""告诉对方：'你没办法影响我。'""没做到，不代表我是差劲的。""人是有极限的，我们都是。"如果你觉得很困难，请你挑一句，每天跟自己说。

当你开始可以义正词严地跟自己说这些的时候，你已经在心里划出一些界线，不被外界侵扰的界线。

当你可以说出这些话的时候，你已经慢慢走在学习着照顾好自己的路上。

二、唱衰型

先生对孩子说："你以后离婚，别太惊讶。"

你父母常对你说："你不应该让爸妈感到丢脸。"

"你不应该……"吗？

他在结束上次的婚姻之后，开始认为自己是个失败的男人，他在别人面前也常常感到没面子。"离婚"两个字，是他人生目前最大的污点。

他已经感到万分羞愧了，没想到，母亲还常常数落他："你不应该离婚。我告诉你，你是不可能幸福的。"

明明他现在的第二次婚姻很美满，太太也很爱他，但只要一听到母亲的数落，他就好像回到小时候被大人责备的自己。

他开始哀怨地对孩子说："你如果未来也离婚了，不要太惊讶，因为你有爸爸的基因。"

他太太听了，惊讶地立刻开口制止："你为什么要诅咒小孩？"

原来，长久以来，他一直想向母亲证明自己，尤其是证明自己有能力经营幸福的家庭。他也很希望孩子不要受到他离婚的影响，但他常常不自觉地在言语之间暗示着孩子，这不是很矛盾吗？

他想保护家人，却选择用最差的方式。不但没保护到任何人，还不断伤害着妻子与孩子。甚至他还像他的母亲般，诅咒着孩子……

心理咨询师这样说：

在咨询工作中，我常常会邀请父母一起谈他们家庭目前所面临的问题。当我听见父母总是不断强调"我们是一个完整的家庭，我们之间从未有冲突"时，通常我就会明了在这样的家庭里长大的孩子，心理上可能会遇上许多困难。

一个人有情绪，是正常的

当父母愈是质疑"为什么孩子会有问题"的同时，他们也往往认为，这都是孩子惹的祸。"因为孩子有问题，才害他们的家庭不完美"的错误归因，让他们致力于要解决这个问题，但当他们将注意力和焦点都放在孩子的行为问题上，而孩子在混乱的情况下，却反而容易做出更多问题行为。

其实，当孩子在外面表现出愤怒与冲突，大多时候是因为在家里很多情绪被压抑住，不但不准说，又无法被了解，于是变成恶性循环。

母亲的回应，让孩子忧郁症加剧

例如，有个孩子因为罹患忧郁症，在情绪的起伏中很痛苦，一直想自杀。我邀请他父母到校后，妈妈一见面就对我说："怎么可能？我女儿知书达礼，又独立，她还一个人到日本游学。她在我眼里就像天使一样，我从没看过她情绪失控。"

我对这位妈妈说："如同你说的，孩子从小到大都是你在带，你最清楚她的心情，那么，当她遇到生气或难过的事情时，她都怎么办？"

妈妈立刻跟我说："我们家教这么好。女儿从小到大，我都还没见过她生气呢！"

可以看得出来，这位妈妈对于孩子的情绪处理是消音、阻止、不能说的，但孩子在成长过程里，不可能没有失望、难过、生气的时候，而当母亲对这些心情视而不见或忽略了，孩子也就无法学习到正确面对情绪的方法。

事实上，这位母亲处理情绪的方式，才是让自己的孩子忧郁症加剧的主因。

摆脱父母婚姻关系的练习：

每个家庭都有自己一套独特的情绪哲学，我们能否察觉哪些是有伤害的，哪些是不适用的，又有哪些是可以重新选择的呢？

※ 你的家庭中有"你不应该……"吗？

例如："你不应该让爸妈感到丢脸。""你不应该不体贴。""你不应该有情绪。""你不应该为自己想。""你不应该享受。"等等。

当我们长大了，依循着这些"不应该"，我们的内心成为一个酷吏，不但以此要求着自己，也会去要求我们结婚的对象。

※ 你的家庭有"你不可能……"吗？

例如："你不可能超越我。""你不可能独立。""你不可能没有我们还能过得好。""你不可能幸福。"等等。

这些用很笃定的语气说出来的话，听起来都像是诅咒，会让我们对自己感到自卑，觉得自己不值得。

※ 你的家庭有"你不可以……"吗？

例如："你不可以不孝。""你不可以顶嘴。""你不可以背叛家人。""你不可以跟别人说家里的事。""你不可以快乐。"等等。

这些都可能为孩子带来限制和僵化的生活形态，甚至是阻碍孩子的未来。

你家中的情绪哲学是什么呢？

你们家的"不应该"有哪些？ _____。

你们家的"不可能"有哪些？ _____。

你们家的"不可以"又有哪些？ _____。

你怎么面对这些情境？（顺从、叛离、不认同、打岔、讲笑话、认同……)

现在的你已经长大了，请你对前面的每一个问题进行思考。在每一句话前面写上"谁说"，例如："谁说你不可以快乐？""谁说你不应该为自己想？"好好想一想这几句话，并想想看你可以调整的做法。

若你想要重塑自己的家庭气氛，唯有"让过去停留在过去"，毕竟现在已经长大的你，不但可以与过去和解，更有力量去拥抱小时候受伤的自己，加以抚慰，以及去试着谅解当年对你说这些话、让你心里受伤或痛苦的大人。

请在以下的框框里，写上你期望的家庭气氛，以及你可以的选择是什么，并且和你的另一半分享。

因为，我期望＿＿＿＿＿＿＿＿＿＿＿＿＿＿＿＿。

所以，我选择＿＿＿＿＿＿＿＿＿＿＿＿＿＿＿＿。

在我们传统的教养观念里，长辈似乎很容易以"数落"来激励孩子。他们认为孩子是不能肯定与赞美的，一赞美就可能无法更进步，但这样的方式，却更容易造成孩子自信心低落，以及心理上的伤害。

三、冷漠型

孩子哭不停，先生却不去抱孩子

他不愿意去爱自己的孩子。

他感到自己很残忍，但这种感觉却又很熟悉。

　　"贝贝晚上都会起来哭，为什么你就不试着抱一抱他？"
她一边挤奶，一边向先生叨念。

　　"小孩不能抱，愈抱会愈依赖。你不看看他已经被你惯
成什么样子了？"他不以为然地劝太太。

"你为什么可以对自己的小孩这么无情？我真是嫁错人了！"

面对太太的控诉，他脑袋一片空白。自从孩子出生后，他确实坚持不抱小孩，但他是有理由的啊！

他从小就被母亲遗弃，之后爸爸再娶了继母，但因爸爸长年开货车为生，他总是长时间独自和继母在家。大家都说他不是个好带的孩子，因为情绪常常起伏不定。

所以他一直觉得自己是多余的，除了怨怼爸爸不在身边，妈妈不够爱他，奶奶认为他是拖油瓶，他还得努力去拆穿人前说一套、人后做一套的继母惯用的伎俩，但却没有人要相信他。

他忍不住要抗议世界对他太不公平。父亲明明是带回来一个继母刁难他，他们大人却都装作若无其事。

他没有亲密关系的样板，只觉得自己不再值得被爱、被信任，可这一回，他看见的是，他因此也不愿意去爱他的孩子。他感到自己很残忍，但这种感觉却又很熟悉。每一次，当他要对小孩好的时候，"不要再对外界有期望，你只会受伤而已！"这句话就挡在他面前，像个警示的丧钟，他一次一次地被那句"别傻了"，提醒着自己过去的伤口并没有愈合，他还是那个不值得被爱的小孩。

他告诉自己："你不要让你的小孩对你有期望，因为你可能会让他受伤，宁可对他残忍，也千万别心软……"

或许在他心底深处，他也没有信心，自己能当个好父亲。

心理咨询师这样说：

刘若瑀在《刘若瑀的三十六堂表演课》一书里，曾说："去了解自己的家，就像是农人认识自己的土地一样，我们必须找到自己的空间。""当你拥有自己的空间，才有力量。"

但他对于自己的家，只有简单的印象，并没有实质且深刻的认识。他甚至不敢看自己被怎么对待，毕竟看了会痛，他得保护自己。

对他来说，他延续了"被母亲遗弃后，在关系中感受到的拒绝感"。纵使父亲娶了继母，但并没有与继母好好经营家庭关系，导致身为孩子的他，长年感受到自己被忽略且显得多余。

他从不相信自己值得被爱、被喜欢。他讨厌自己，更不觉得有人会欣赏他、了解他。因为，小时候，当他惊惶恐惧的时候，他起初告诉自己说："我好怕，没人会保护我。"到后来他开始自责："我一定做错了什么，导致他们讨厌我。"

等时间一拉长，更慢慢演变成："你看，即便我们没做什么，都会被排除在外，我们干脆不要想着自己是他们的一分子，就不会受伤。"

亲密关系中的局外人

"降低在关系中的期望"变成他的求生之道。他想着自己再怎么样都无法摆脱这样的命运，所以干脆拒绝被命运摆布。当他已经习惯将自己排除在外的时候，就无法体会身在其中的感受。

这些拒绝自己、认为自己不够好的声音，常常会把他变成亲密关系中的局外人。

在他的成长过程中，大多是被负面的对待，导致他常常跟自己说："没有用的。""你看，又来了吧！"当这些信念集结起来，就变成他看待自己的方式。

"海绵效应"是指孩子就像海绵一般，当父母在教养他时的心情是什么，他就容易吸收到这样的气氛和感受。如果父母是焦虑的，那他对于焦虑就特别敏感；如果父母是挫折的，那他也很容易感受到挫折，这是下意识的行动。

就像他常觉得自己被排除在外，虽然家中没有一个人会说他是多余的，但如果在言谈举止之间，都一再地表达他只会制造麻烦，那么他也会在心里觉得自己是多余的、不受欢迎的，没有人想要跟他在一起的……

摆脱父母婚姻关系的练习：

在亲密关系中，难免会有争执和冲突。想一想，在冲突的第一时间，你往往是怎么想的？若有以下的状况，请勾选出来。

☐ 1. 他迟早会丢下我的。

☐ 2. 我怎样对他来说似乎都没那么重要。

☐ 3. 他只在乎他的事情。

☐ 4. 他不是这么在乎我。

☐ 5. 我永远做得都不够好。

☐ 6. 我对他没有影响力。

☐ 7. 他会报复我。

☐ 8. 我对他来说没什么吸引力。

☐ 9. 我害怕他对我烦了、腻了。

☐ 10. 他应该要以我为主。

☐ 11. 他应该要先哄我。

☐ 12. 他应该要知道我在气什么。

☐ 13. 他应该要给我一个交代。

☐ 14. 他总自以为是、高高在上。

☐ 15. 他一定是吃错药了，才敢对我大声。

☐ 16. 别理他，等他忘记就会好了。

☐ 17. 他凭什么这样对我。

☐ 18. 我不想甩他。

☐ 19. 等他来道歉。

☐ 20. 给我一个理由。

如果你勾选数量为 1 ~ 9，表示你在彼此的关系中，是比较没自信的那一位。你可能常常贬低自己或讨好对方，也因为对自己的不够自信，常常会将自己的需求摆后面。

若勾选数量为 10 ~ 13，表示你在亲密关系中，拥有不理性的执念。对你来说，亲密关系中有许多"应该要……"和"必须怎样……"的信念，这些信念往往容易捆绑住你，让你在亲密关系中变得没有弹性。

若是勾选数量为 14 ~ 20，表示你常觉得是"对方的错"，也因此你常想给对方时间想一想，或者对于冲突感到烦闷，想要回避。

现在的我们，来自过往

当你感受到威胁、被拒绝的时候，你会跟自己说什么？这都跟你过去被对待的方式有关，也跟你怎么跟对方沟通有关。尤其，跟过去你怎么处理威胁，怎么跟自己的内在小孩对话有关。

在孩提时代，我们的内在还很稚嫩幼小，对于外界的威胁感到惊吓，担心会被排除、被欺侮，再无归属感。你是怎么跟你的内在小孩说话？是告诉他："你惨了！""死定了！""不要怕！""没关系！"还是："等一下""再观察一下"？

当你面对亲密关系时，这样的模式马上就会跑出来，例如："惨了，你要被丢掉了！"（先打预防针）"就说，你会被拒绝吧！"（说风凉话）

检视上面你勾选的题目，想一想你遇到威胁的时候，你如何跟内在小孩对话？

亲爱的小孩，当我遇到威胁的时候，我会对你说：＿＿＿

＿＿＿＿＿＿＿＿＿＿＿＿＿＿＿＿＿＿＿＿＿＿。

当我们长大，有机会变成父母，所以如果要摆脱父母婚姻关系，得由自己做起。如果要改写你与过往父母的关系，现阶段的你，想跟内在小孩怎么说呢？

亲爱的小孩，现在的我已经长大了，当现阶段遇到威胁的时候，我决定对你说：＿＿＿＿＿＿＿＿＿＿＿＿＿。

四、依赖型

就是要全家都在一起，才是爱啊！

她觉得全家人在一起的感觉很棒，

至于家人没有考虑到她的需求，没有关系啊！

"为什么你今天又不回来吃饭了？"自从跟先生结婚以来，只要先生晚归或因为加班又不回来吃晚餐，她就感到非常不满。

"老婆，我不是故意的。厂区又有状况了，我得留下来。

明天，明天我一定回家吃。"他一边哄老婆，一边又提出承诺。

他是忙碌的工程师，身为小主管的他，只要厂区出问题，他必定要陪同事一起留下处理。

"咔！"她用力挂上电话。

她将自己的注意力完全放在先生身上，先生的一举一动都能影响她的心情。先生常常觉得喘不过气，却不敢拒绝，因为他知道太太很需要他的陪伴。只不过这样的紧迫盯人和过度期望，他已经不知道要怎么跟太太相处。

在她成长的家庭里，全家人总是一起活动。好像唯有"全家人一起行动"，才是这个家有向心力。如果有家人不这么做，背上就彷佛背了一个十字架，会被家人冷落、批评与讨厌。所以她小时候如果放学后到同学家，她常常待没多久就急着回家，因为她知道家人不喜欢她在外面逗留太久。其实她对于自己家人的相处状况，也不是没觉得困惑，但她渐渐觉得全家人在一起的感觉很棒，她自己的需求不算什么，她要当个不让大人烦恼的乖小孩。

只是，"乖小孩"这个词的代价太沉重。成年的她，开始有交往对象，但每个与她交往的对象都被她的依赖推得远远的。可是她又无法停止想谈恋爱的心，但只要一谈恋爱，她就觉得自己变得好渺小，必须要依恃着另一半才能存活，但愈是依赖，对方就愈想逃离。

她曾经也想更独立，只是，她太习惯紧紧相连，就像她在家里感受到的一样。她将目光完全落在另一半身上。她无法让他们"做自己"，就像她的家人对待她的那样。

心理咨询师这样说：

冈田尊司在《母亲这种病》这本书里写着："有的人虽然离开了父母，却一直渴求一个能替代父母的人。"上述文中的她，虽然认为家人之间紧紧相连也颇具压力，但却在下意识中，不由得开始掌控另一半，因为她想要找回那种紧紧相连的感觉。

她不断谈恋爱，渴望能够有段属于自己的恋情，带她离开这个家，可是她却无法真正离家。因为她想要把现在结了婚的家，重新"装潢"成旧家的样子。而那是因为，那些让你感到矛盾的人，一方面你想脱离他，却又难以让你放下，是因为他们提供了一种你熟悉的感受，即便那是负面的，你都能感受到某种安抚。

这种负面安抚，让一个人像上瘾一般，在你好不容易脱离了家庭的气氛和紧迫盯人的黏腻习惯之后，又会把你拉回去。

渴望自由，却一辈子无法真正自由

就像一个渴望自由的女子，她可能一辈子都无法真正自由，因为她习惯了被像大男人型的男子掌控。这种掌控可能在不同层面彰显，例如被限制不准花钱、不准出门、不能跟其他男人聊天，或被限制穿着打扮。她一方面恨他管，却又爱他管。

说不定，在她内心深处早就无意识地寻找，并认同"有阻碍，才有爱"。所以"渴望逃脱"的愿望，永远只能停留在许愿阶段，因为"没有牢笼，就不习惯"。当我们决定要飞，却因为长久没有使用翅膀，而翅膀早已萎缩，撑不起自己的身体，或者，我们早已遗忘翅膀就在自己身上。

这对翅膀，象征着孩子的自主。而"孩子的自主"是在孩子对父母的依赖期结束后发生。此时，若父母意识到孩子的自主似乎威胁到父母的权力，父母就容易强化孩子的依赖。这种"下意识的害怕"，就像"帮孩子的自主缠了足"，限制孩子走得远、跑得快，限制他们自主的需求，让自主的需求慢慢萎缩，甚至夭折。

而孩子也在这个过程里，学习到"当自己维持依赖时，父母就会满足"，于是在亲密关系中显得更加依赖。这种关系常常不允许自己独活，更不允许对方做自己。

摆脱父母婚姻关系的练习：

我们在寻找伴侣的时候，常常是"拿着旧剧本，希望对方能够有创意的自由发挥，却不准对方更改剧本太多"的矛盾心情。这种感觉就像旧瓶装新酒一般，我们爱旧酒的原汁原味，却又渴望能从旧瓶中喝到新酒的新鲜感。如果偶一为之可以，但长期下来，离我们的习惯太远，又希望可以保有过去的习惯，结果就是难以脱身。其实，我们没有一定要改变这个旧瓶，只是希望不要被拖住，而影响了现在的关系。

有些人习惯依赖，有些人习惯刺激，有些人习惯节俭……这些习惯可能会变成我们的价值观，也可能变成我们人生牢不可破的信念之一。

当我们开始不喜欢了，或者发现更合适的生活方式，就渴望能够修改，却没有其他范例可以参考。所以，我们可以先思考，你为什么不喜欢旧的版本？你觉得旧版本有什么不适合的地方？

一、你继承了原生家庭里的哪些习惯或家庭气氛？（以文中的太太为例，她继承了家人之间的紧密相连，不允许发展独立性。）

二、原生家庭里的习惯或气氛可能带给你现在的亲密关系什么困扰？（以文中的太太为例，她的依赖可能造成她对先生的失望。）

三、你喜欢这样的自己吗？你会选择原生家庭里的某些习惯或气氛，是觉得自己哪个部分需要被安顿吗？（以文中的太太为例，她不太喜欢被先生排拒，但这是因为她没有安全感。）

四、这些需要被安顿的部分，哪些需要被理解？（文中的太太心中有个没有被安顿，事事以别人为先，常将别人的期望放在自己前头的小女孩。只要没有了别人，她就会慌张，而这些是童年时家人紧紧相连的故事。）

五、现在你已经长大了，你更了解你的伴侣和你可以发展出你们都喜欢的关系，你想做点什么改变？

家庭故事是种传承，我们都是故事的继承人，我们传承了过去的文化、家庭气氛、规则和期待。

有了传承，我们有了文化代代相传的动力，但传承是会演化的，我们可以想一想，我们想要自己的孩子活成什么样子。修改传承不是挑剔或指责过去，而是更具开创性、有弹性地拉开视野的询问："不只是我们这一代的关系，而是我们想要下一代继承我们的什么？"

附注：至于特别乖、特别听话的孩子，内心受的伤常常特别重，因为他们常常忽视自己内心的需求，而以大人的要求为主。请找个自己信任的人，诉说当年你是听话的孩子时，你心里的感受，或许是委屈、伤心……

五、受虐型

太太只因一点小事，就大骂孩子

她想动手打孩子，但浮现在她脑海里的是：

"你看，多糟糕，你跟你妈一个样。"

"今天老师又打电话来说你在学校捉弄同学，这是第几次了？今晚你不准吃饭。"她气急败坏地对着八年级的儿子大吼。

"是又怎样啦？"先生看着儿子一脸委屈，甩头进房间，赶紧开口。

"我告诉你，我已经对他很好了。如果是我爸妈，早把我打到残废。我才念他几句，他是什么态度啊？"

浮现在她脑袋里的场景，是回到小时候，她做错事被罚跪，她虽然主动认错，却仍然被妈妈拿衣架打个半死，打到衣架都裂了。

其实，在她的脑海里，曾经有多次闪过要动手打孩子的念头，但每次这样一想，就有十足的罪恶感。

有几次，她甚至要去拿棍子，但浮现在脑海的却是："你看，你多糟糕，跟你妈一个样。"她回头甩了儿子一巴掌，然后转身回房间痛哭。

她觉得这场恶梦从来没有停过。她从小就告诉自己，不要像她妈妈那么歇斯底里。当年为了还爸爸欠下的赌债，妈妈能喝个烂醉；又因为爸爸对家庭的忽视，妈妈总抱着他们大哭，说要自杀，但马上又将怒气转移到他们身上。

回想起那些画面，让她从小就对婚姻充满渴望，她希望能拥有自己的家庭，她要对先生好、对小孩好，她希望能阻断这些恶梦。可是，这个梦，从结婚后，就开始离她愈来愈远。

她从儿子愤怒的脸上，看见她自己。她不想听儿子解释，她看见自己逐渐变成母亲的模样，她不能接受，可是她却逃脱不出这个循环。

心理咨询师这样说：

她的状况，在很多从小受虐的孩子身上非常常见。当一个孩子从小被虐待或目睹他人被虐待，孩子可能会有几个决定：一、我以后都不要结婚。二、结婚好可怕，只要活在当下就好。三、我要赶快结婚，组织自己的家庭。四、虽然进入亲密关系，但是对婚姻或感情的信任度、期望很低。

休斯敦拜勒医学院布鲁斯 D. 培里医师（Bruce D.Perry），曾经描述过"虐待不但会影响儿童的脑部，还会改变他们神经传导系统对压力的反应"。这些儿童对于危险非常敏感，他们只要嗅到凝重的气氛、感受到威胁，身体就会出现紧张、焦虑的变化。而"恐惧"和"焦虑"，正是受虐儿童阻绝危险的生存之道。

这些孩子对于危险非常敏锐，只要出现一丁点的威胁，他们就会启动紧张的防卫机制，而他们焦虑的追踪器，也随时搜寻着"可能代表攻击"的风吹草动。他们随时预防虐待的来临，但却在虐待来临之前，已经在心里预演被虐待的场景。

矛盾的十字路口

他们渴望平淡，但又觉得平淡的生活可能让他们感到无趣。在这个矛盾的十字路口，他们变得惊慌，然后又通过也许是控制、紧抓、不在乎、扮小丑、不断打岔、乖小孩、生病，或是到处惹事，成为十足的坏蛋来平衡这个紧张气氛。

当我们期待自己有新的开始时，一方面又担忧着会不会再所遇非人，所以当他们遇到挫折的时候，就容易更紧张，他们会运用生存之道来防御，这些生存之道可能是：一、夸大别人对自己的伤害；二、无视别人对自己界线的侵扰；三、想着怎么战斗，但是这些都会让自己的生命更疲累。

他们应该要想着，每个人都会遇到生活中的危机，更正确来说，危机是每个人在每个阶段、每个时期都会遇见的。我们可以通过转化危机的"经验"，让自己更加成长，也更加成熟。

但对于受虐者来说，容易因为恐惧和焦虑就将伤害先扩大，以预防会遇见更大的伤害。

让挫折维持原有的大小

只是，当他们扩大伤害的同时，本来以为自己更有能力去克服，但却可能反噬到自己，造成自己心里的小孩更受惊吓、更加无助，甚至是更失去弹性，以为求助无门。

请记得，我们不要再自己吓自己了，当我们用"十岁的经验"去面对"三十五岁的婚姻危机"，或者用十岁的经验去面对四十五岁的自己和小孩的冲突时，我们都忘记自己已经长大了。

既然我们已经长大，我们可以对自己更有信心，所以请试着去练习"让挫折维持原有的大小就好"这件事。

上述个案里的她，当她处罚孩子时，看见孩子惊恐的脸，那不就像是她当年面对歇斯底里的妈妈时，内心的惊恐？我相信，现在的她，一方面好熟悉这张脸，一方面却也看见当年自己渴求摆脱父母的那份心，而这份觉察，就是她能停止折磨孩子与自己的第一步。

摆脱父母婚姻关系的练习：

我们大多数人沟通的方式，7% 是依据说话的内容，55% 是依据脸部表情和肢体语言，而 38% 是依据语调和说话的快慢。由此可见，非语言的讯息不但比语言的讯息快得多，而且还大量地被对方吸收。

受虐的条件之一是"我们无法从情境中逃脱"，在情境中充分感受到不被尊重、界线被侵犯、被排拒在外的不舒服等；条件之二是"不能预期时间和强度"，我们不知道这场灾难何时开始，何时会结束，我们能否躲过这场灾难而幸存，我们要发展出更强大的自我，还是逃避的方法？但可以想见，无论战斗或逃跑，都是永无宁日，我们也无法放心地去成为自己。

步骤一：请将从小到大，你曾有过的被剥夺的感受写下来：

1.

2.

3.

4.

步骤二：这些剥夺感对你的影响程度是几分？（1～10分，分数愈大，影响愈多）如何影响你现在的关系和生活？

步骤三：当年的那场征战其实早就结束，我们在征战过程中留下了伤疤，那是幸存的徽章。现在征战结束了，你觉得自己在这场征战中，最困难的地方是什么？你最想跟谁说不？

步骤四：当征战已经结束，我们在抚平伤口的同时，你想对当年的自己说些什么。

亲爱的_____：

谢谢你，这些年，无论你曾遭受多少被剥夺的经验，你至今仍然用生命保护着我，不断想办法_____。我的话不多，但我由衷感激，你做了_____。即便别人可能对我不好，但你愿意对我好，用你幼小的脑袋想办法，稚嫩的身躯保护我，谢谢你。现在，我已经_____岁，我希望可以换我守护你，为那些伤口、为那些无助和曾经的伤痛。

我爱你，我爱你，我永远爱你。

我还要谢谢你，_____。

_____岁的_____

六、闪躲型

在工作上不"尽全力"，全因为权威的母亲

他说，如果让老板发现他的能力很强，
那么老板岂不是会找更多事情让他做？

"你就是爱拖拖拉拉，为什么总是要我说了才去做？"
她板起一张脸孔。

"好啦，好啦，我知道。"先生依然滑溜地应付太太。

"不要让我再讲一次，不然要你好看……"每一次，她

都得摆出一副很强势的态度跟先生讲话。

她讨厌自己看起来面目可憎，但又怕先生真的忘记处理重要的事情。

这也是她说不出口的苦。一开始，她其实很喜欢先生的幽默、风趣，而先生总是有办法帮朋友打圆场，很圆融地处理事情。没想到，这些"喜欢"却变成她的痛苦来源。

先生很圆融是没错，但总用错地方。当她跟他讨论正事的时候，他总是闪躲，最后常常变成她在收尾，让她很不是滋味。于是，她只好常对先生颐指气使。但旁人看了，却又总是替她先生感到委屈而站在她先生那边，让她更觉得里外不是人。

其实，先生在工作上也是如此。他明明是个工作能力很强的人，但在工作中却总是有所保留。

面对老板，先生也总是能躲则躲。问他为何这么怕老板，他说，不是怕，是想保持距离。而且，如果让老板发现自己能力强，他觉得老板会找更多事情让他做。

原来，他有一个和老板很相似的母亲，他们都很权威，很喜欢下命令，虽然都爱说自己很好沟通，却总是不听别人的话，以自己的意见为主。

这样一种复制与母亲相处模式的职场关系，对他的职业发展来说，是好的吗？

心理咨询师这样说：

对他来说，他总是被母亲押着跑，后来他觉得是不是"如果一开始就被当作很笨，也许反倒能不被过度要求"。自此之后，他默默观察身边的人，发现"在家中乖顺的人，反而倒是被要求的愈多，甚至还担负起家人的过度期待"，于是，就让他在内心里更加印证，他可以用轻松的态度，用四两拨千斤的方式过日子。

每一次"不尽力"，背后都有原因

在他做了这个决定后，他的每个"不尽力"都有了理由。

他可以不被看重、不被认可，他都觉得没有关系，因为与其被挑剔、被期待，那他宁可待在"那是因为我没有尽力，不然的话，我也可以……"的内心想法中。

这样的心态，也是研究动机理论学者阿特金森（Atkinson）提出的"害怕失败"的心理，因为担心失败带来"我不够好"的羞愧感，所以找了一个台阶给自己下，告诉自己"那又没什么，我只是没尽力而已！"

不想与别人竞争

他的决定，来自于家人间的互动习惯。孩子在青春期都会在心理上产生一个"离家"的过程。但当他提出意见或要求，本以为会获得赞许或肯定，没想到在强势父母"我说了算"的风格下，他们因为担心自己不被听见，所以选择快捷方式，也就是"以父母的话为主"。

另外一种防卫的心态是，当听见别人想要表现时，自己的主观意识就让位，就主动让别人去表现。

表面上看起来是不尽力，但其实是内在对自己并没有这么大的信心，或担心自己表现得不够好。这种"觉得别人比较好"的状况，也会间接影响他们成年后的各种关系。例如，不想与别人竞争，以及削弱自己的可能性。

另外，他一方面觉得可惜，但一方面又担心："当自己变得有能力了，会不会抢了父母的锋头？"或是"他一旦超越父母了，是不是就失去挑战的对象了"？又或者"当我变得有能力，我对父母亲的理想化是否就会幻灭"？这些潜意识的讯息可能无时无刻都在默默干扰着他，让他在面对事情时，习惯性地事事不尽力。

亲密关系里的遁逃

回到上述案例里，先生一贯的装傻或打岔，不也又维持了母亲对他的态度？因为当他一搞笑或打岔，就不用跟父母争取"谁比较好"的位子。他的不争，反而带给家庭一种和谐，甚至幽默。可是对于亲密关系来说，这种遁逃，反而造成在平行关系中的两个人容易起冲突。

依据联合家族治疗萨提亚（Virginia Satir）女士的研究，在冲突情境中，人容易出现五种应变的模式。这五种模式分别是：指责型、讨好型、超理智型、打岔型、一致型。

不过我认为还有一种类型是"强求型"，就是自己已经考虑到自己和别人，但是所在情境并不适用，因此造成误解以及自己的执念。

将以上六种沟通形态做出以下说明：

"○"代表有顾虑到，"×"代表没有顾虑到。

例如："自己×"代表没有考虑到自己；"别人○"代表有考虑到别人。

	考虑层次	特 征	常说的话	正向功能
讨好型	别人 0 情境 0 自己 X	讨好型的人目光只考虑到"别人和情境"，将自己摆在很后面，以讨好和取悦别人为主。我能忍受你的控制和攻击，因为我害怕你讨厌我，更可能因此离开我	"你说得对。""我都同意。""你说了算。""你说什么都好。"	顾虑他人
指责型	自己 0 情境 0 别人 X	指责型的人眼里没有别人，只在乎自己和情境，他们觉得自己最大。我要让他们充分认可我，不许与我为敌。当别人被我吃得死死的，我可感觉自己变得很重要	"听我的！""你给我回来。""都是你的错！""你做的都是错事。"	果敢决断
强求型	自己 0 别人 0 情境 X	强求型的人只在乎自己和别人，他们常感受时空错置，常使用不合时宜的方式应对现状，例如他们在不对的时间遇见对的人，却不肯面对现实层面的外界情境	"怎么可能……""哪里出错了……""不是吧！""为什么？"	顾虑双方
超理智型	情境 0 自己 X 别人 X	超理智型的人只关注情境，较不关注到自己和别人的因素。他们试着运用确切的逻辑数据、研究报告佐证自己的论调，强调主导权	"你太情绪化。""我了解最多。""这照理应该……"	论点坚定
打岔型	自己 X 别人 X 情境 X	打岔型的人很快可以转移掉令人焦虑或有压力的话题，他们可以马上说些不相干的话题，模糊掉重点，并成功打断别人谈话	"我忘了。""你说什么？""天气不错！"	具有创意
一致型	自己 0 别人 0 情境 0	在一致的沟通形态中，不但尊重自己的意愿，顾虑到他人，更符合情境，是最临在的响应方式	"我听到你说……的时候，我认为……"	表里一致

摆脱父母婚姻关系的练习：

请依据上表写下：

1. 自己身边的人（亲人、朋友）最常用什么方式沟通，请写在下表"对象"的字段中。

	考虑层次	常说的话	对象
讨好型	别人 0 情境 0 自己 X	"你说得对。""我都同意。""你说了算。""你说什么都好。"	
指责型	自己 0 情境 0 别人 X	"听我的！""你给我回来。""都是你的错……""你做的都是错事。"	
强求型	自己 0 别人 0 情境 X	"怎么可能……""哪里出错了……""不是吧！""为什么？"	
超理智型	情境 0 自己 X 别人 X	"你太情绪化。""我了解最多。""这照理应该……"	
打岔型	自己 X 别人 X 情境 X	"我忘了。""你说什么？""天气不错！"	
一致型	自己 0 别人 0 情境 0	"我听到你说……的时候，我认为……"	

2. 他和你的相处模式如何？ _____

_____。

3. 写下之后，你有何新发现？ _____

_____。

4. 你最习惯哪两种配对的沟通模式？ _____

_____。

5. 你最喜欢哪两种配对的沟通模式？ _____

_____。

　　如果可以，建议你因人、因时、因事、因地，运用不同的方式面对情境。这样一来，除了可以增加你个人的弹性之外，更能够对自己保有觉察能力，也能更坦然面对亲密关系里的冲突和磨合。

七、过度理性型

太太产后忧郁，先生却只会说："正面一点……"

他终于找到一个梦寐以求的"阿姨般的女孩"结婚。

他从小是由阿姨照顾长大。要拿零用钱找阿姨，学费找阿姨，在学校惹事也找阿姨，阿姨就像他的妈妈一样。

阿姨没结婚，但却是家里的"掌柜"，不但包办家里所有大小事情，连家里孩子跟谁交往，也是要带来给阿姨看。

如果要问阿姨为何没结婚，更确切的说法是，她早就将自己嫁给这个家。

他因为爸妈忙碌，所以从小就跟阿姨黏在一起。他喜欢阿姨的理性、有条理。当家里孩子吵架，也都由她来调停。但他能看到阿姨在严厉背后，有着对家人的爱和关怀。于是，他特别容易被这样理性的女孩吸引。

记得他跟太太交往的时候，就是看准了太太的理性。他原本以为能和这样的女孩结婚是多么幸运，因为他终于找到一个梦寐以求的"阿姨般的女孩"。

没想到在第一个孩子出生后，太太罹患产后忧郁症。情绪常常大起大落，还不时爆哭。太太也不断指责他漠不关心，而且不愿尽力照顾孩子。

太太一沮丧，他不知该如何是好。他只好求助阿姨，阿姨告诉他："要她正面思考，不过是生个孩子，人生还很长……"

他如实转述给太太后，太太却觉得被责备，更加沮丧、无助。

一看到太太这样，他也忍不住生气，但心里又觉得不该这样对待太太。

心理咨询师这样说：

你也曾像他这样不知所措吗？当我们面对挫折，如果使用了过去一贯面对挫折的方法，却发现不管用，但又找不到新方法时，心情一定是混乱不已。

一直以来，他通过阿姨所传授的人生经验，一直以"只要我够努力，一定会度过"来面对人生的挫折。

但有时人生遇到的挫折，超乎我们的处理能力，而且也没有 SOP（Standard Operating Procedure 标准操作程序）可以依循。对他来说，"维持理性，解决问题"，是从家族长辈学习而来的经验。当遇到困难时，他就会如此处理与面对，通常也非常有效。

成为父母，会加剧原本婚姻关系里的难题

但对于脆弱、无助的沮丧感，他感到特别陌生，毕竟他太习惯使用"阿姨式敲战鼓"这样的方法来度过难关。他也常对自己说："加油！""这没什么。""会过去的！"但我们每个人都会有沮丧、低潮的时候，去正视、面对与抒发，才是正确对待低潮情绪的方法。

　　另外，太太正在面临的问题，是当"一对夫妻变成了父母"时，生理、心理所需要的调适。当一对夫妻变成父母，某种程度是从原来彼此互相照顾，变成共同去照顾稚嫩的幼童。从"原本我的需求被你满足，你的需求被我看见"的互相依赖关系，而有了实质上的转移，变成我们要去照顾孩子的需求。

　　在这个过程中，夫妻双方都需要去面对的是，"从'自我'（亲爱的，你要无条件对我好）到'无我'（我们哪想得到自己，再怎样也要为孩子好）"的过程。这个过程，每个人在调适程度上不一。

　　　别逃避，寻求专业协助

　　当孩子出生，父母一方面感到开心，一方面却又感到负担。这种甜蜜的负荷心情，在孩子不受控制或者哭闹不休的时候，父母的需求不但会被压榨，他们还会感到匮乏，而这时候的父母便特别有一种"被掏空"的感觉。

　　而当这种被掏空的感受不被理解，却又被要求付出更多的时候，就像一个人只剩下二十元，你却要他付出两百元，不仅倍感压力且感到无助。难怪他的加油与鼓励，完全进不了太太的心里。

产后忧郁症其实与心理、环境和生理都有关联，例如荷尔蒙分泌、生产时的体力、怀孕周期是否发生什么重大事件等等。它的成因太复杂，在后续的处理上，一定要寻求专业的医师和心理咨询师协助，而不能只依循过去的经验来安抚当事人。

摆脱父母婚姻关系的练习：

每个家庭处理挫折的方式不一样，父母之间的模式也可能不同。记得我家人通常会先帮我打预防针，他们会先告诉我最坏的情况，然后说："如果没有发生，就当是你很幸运，你要好好珍惜；如果发生了，你也别太惊慌，就想着怎么解决。"这样理性的态度，让我在面对事情的时候，往往能以冷静的态度思考。

当遇到挫折或困难时，你的父母通常会怎么处理？而当你遇到挫折时，他们会跟你说什么？你是用什么态度面对？

请在_____填入你直觉想到的重要家人。

步骤一：

_____A 沉溺痛苦型："怎么会这样？我们好悲

惨啊……"

当有些人沉溺在痛苦中时，会获得某种程度的安慰或保护，所以他们习惯将自己的困境说出来，一方面可以寻求安慰，另一方面说出来后心情或许会好一些，但有某些人则是过度地沉溺，容易一蹶不振。

_____B 未来展望型：以"不要回头想""往前看"来跳过事件本身。

有些人可能是因为担心打击太大，不敢面对。有些人觉得沉溺在已经发生的事情没有用，还不如把目光放在未来。

_____C 打预防针型："最坏的情况可能是……"

这种做法的优点是能先有心理准备，缺点是当事人有时会觉得好像被唱衰，或不被支持，甚至有点被反对。

_____D 寻求慰藉型："一定是你没去拜拜，赶快去跟神明忏悔。"

寻求更高的力量协助自己，这是人之常情，但有些人过度归因于神明的庇佑，而忘记自己仍须努力，所以这得视情况而定。

_____E 逃避防卫型："不要再说了，都是你乌鸦嘴。"

面对挫折的时候，很多人采取的防卫姿态就是不要再提、不要再说，因为担心说了，心里更难受，或说了无济于事，所以也要身边的人绝口不提。这样的方式也许会让自己好受一点，但也因此和别人隔绝了一道墙。

_____F 搞怪打岔型："他说什么，可以吃吗？"

打岔型的人往往看见事情的严重性让大家愁云惨雾，所以突然添加一些笑料，想让气氛不要这么僵，但打岔者有时候反而会意外变成箭靶，被大家攻击，怎么此时还在说这么状况外的话。

_____G 指责怪罪型："这都是因为你们不听我的话，才造成的。"

指责怪罪型的人较为杞人忧天，常常会将丑话讲在前，或者有点控制的意味，希望别人能遵照他的判断。如果事情最后如他所预期的，有人因此而吃亏时，他就容易在第一时间开口指责。

_____H 异常冷静型："大家要不要先冷静想一想……"

异常冷静型的人在大家慌乱时，往往是大家寄予厚望和依靠的人。当他面对挫折时，常常会选择退一步观察。他比较不容易身陷其中，或与大家搅和在一起，缺点则是可能会被大家误解成冷漠。

步骤二：面对事情时，你通常用哪几种方式响应（请填代码）？

是和哪个家人比较像？ _____，_____，_____。

你最认同哪几种？为什么？ _____

_____ 。

不认同哪几种？为什么？ _____

_____ 。

步骤三：我们每个人都有自己处理、面对挫折的习惯方式，但每种方式都有它的优点和限制，最重要的是我们更该认真地倾听另一半的心情，而非总是觉得对方的感受只是一时心情不佳，甚至若需要寻求专业的建议时，我们也不该逃避。

婚姻是两个人的事，当遇上困难时，一起面对，一起解决，千万别让另一半觉得自己孤立无援。

八、完美主义型

一心为公婆、孩子付出，先生却外遇

她将自己的价值绑在别人的眼光里，

这是她与先生无法建立真正亲密的原因。

"这是你最爱吃的鸡翅，来，我特别留给你的，赶快吃吧。"

"那妈妈你爱吃什么？"女儿抬起头，问了妈妈这一句。

"我好像没有特别爱吃什么。"刚下班的妈妈一边回答，一边忙着准备晚餐。

每一天，她都像被时间追着跑。身为职业妇女的她，就像停不下来的陀螺一样。

尤其，她特别喜欢把家里打理得舒适妥当，让家人舒服地过日子，当个先生满意、公婆称赞的好媳妇。

只是，她从来没想过，这么爱家的她，还会被先生背叛；也从来没想过，原来努力，不一定就能够让家庭幸福美满。

面对先生要她签字离婚，她委屈地想着，自己到底做错了什么。

她是家里的长女，她的母亲从小就要求她要当弟妹的榜样。她不但教导弟妹功课，成绩也很好，总是前三名。

结婚后，她以公婆、先生为主，从来不跟妯娌争执，也不计较；在职场上，也是以老板的意见为最大的考虑。但她其实不快乐，她常想，自己好像是一个完全没有自我的人，她的需要好像自始至终都被排在后面，但若是要她为自己想、要她爱自己，她也不知道从何做起。

她知道先生和她之间无法真正的亲密，但她也说不上原因。她的想法只有两个，一个是指责先生不忠，另一个是责怪自己，会不会是哪里做得不够好，才会让自己被先生丢下。

即使如此，她还是不知道为什么自己会离婚。

心理咨询师这样说：

你身边有像她这样的人吗？习惯将自己的需求压到小小的，但却充分满足别人的需求。她了解家里每一个人的习惯，但没有一个家人知道她要什么。

也许，她只是习惯活在别人的期望里，习惯吸收身边的人的眼光，并尽力达到别人的期望。万一没有了这些标准和期望，她还不知道自己要做什么。

但是，这样的人是很辛苦的。以她来说，她过度追求满足每一个人，藉此展现自己是好太太、好媳妇、好员工，但却失去了自己的疆界，让别人不重视她的需求，也看不见她的渴望。

自我价值薄弱

她习惯别人对她寄予厚望，并一次次地达到成功。在她的人生中，她像是不断地找一座山给自己爬，当爬到山顶时，她期望身边的人给她鼓励和掌声，然后再从身边的人的期望中，寻找下一座山去爬。

她常常将事情往自己身上揽，觉得没有自己不行。别人的冀望给了她一个舞台，如果达成了，就是"好"，如果没有达成，她就会认为自己是没有价值的、没有用的。

她将自己的好绑在别人的眼光里，这是她与先生无法建立真正亲密的原因。她无法坦露自己的脆弱或需求，因为她觉得那样是弱者，也会不完美，但这反而让她和先生的关系渐行渐远。

失衡的亲密关系

另一方面，当她愈是劳心劳力，就与先生的关系愈失衡，也让先生愈觉得可以予取予求。毕竟在亲密关系里讲求的是对等的地位，当她愈是被很多事情追着跑，先生就可能愈落得轻松。当一个人愈是把责任往自己身上扛时，先生就愈是被默许成骄纵、不负责任的人。

所以，在关系中寻求一种平衡，并且适度地坦露与表达自己，都是促成更亲密关系的要件。

摆脱父母婚姻关系的练习：

你有完美主义的倾向吗？这个完美主义从哪里来？是来自原生家庭吗？小时候的你，是否如果表现不好，就不会被家人赞赏，或被家人接受？我们现在可以从以下的问题检视自己在关系中的心态，以及被原生家庭影响而变成什么样的人。

1.（　　）你是否过度期望在生活中不要出错，以避免被嫌弃？

2.（　　）你是否对于"自己无能"的评价，过度敏感？

3.（　　）你是否担心遭人完全放弃，所以执着在满足别人的期望？

4.（　　）你是否有过人的警惕感，常把事情想成是自己的错，并尽力满足别人？

5.（　　）你是否期许生活中只有赞扬，完全不要有批评最好？

6.（　　）你是否需要花很大量的心力准备工作，让自己免于被挑剔？

7.（　　）你是否吹毛求疵到让身边的人很受不了？

8.（　　）你是否把标准订得过高，常让自己感到疲惫？

9.（　　）你是否因为某些"应该"或"必须"的信念，在全力以赴之余，仍忧心忡忡自己不够好？

10.（　　）你是否期望事情总要万无一失，而压榨着自己，在事情完成后感到精力用尽？

11.（　　）你是否因为避免遭人非议，就想要过度掌控？

12.（　　）你是否常将事情想成"非对即错""非黑即白"的二分法？

13.（　　）你是否曾被朋友说"顽固"或"固执"，但你觉得是别人的问题？

14.（　　）你是否过度想要别人赞同你，不然就觉得自己没有价值？

15.（　　）你是否过度在意别人的期望，一旦没有期望，就觉得人生没有目标？

若有七题以上是"是"，那么表示你对自己过于苛刻。你不准自己有不够满意的表现，也有可能你过度在乎别人的眼光，而压得自己喘不过气，这些都会造成你和周遭的人有某种程度的隔阂。

你对于"别人向你投以满足的眼光"上了瘾，但却过度压抑着自己实际的偏好。

请你开始练习着思考自己的喜欢、偏好、渴望、厌恶，并记录下来，再找个你信任、能接纳你想法的人，与对方分享你的这些想法。

我喜欢：_____

_____。

我偏好：_____

_____。

我厌恶：_____

_____。

我渴望：_____

_____。

我们每个人都一样，无法满足所有人，我们当然也不会被所有人喜欢或讨厌，就像你会同意某些人的说法，但也会不同意另一些人的说法一样。

当我们不被同意的时候，其实并无损你的自我价值，因为对方不同意的是你的看法，并不是你这个人，你不需要就此否定自己。

而当我们达不到别人期望时，或许有各种原因，请别一开始就责备自己。看见自己的需要，允许自己自由，才能真正看见别人的需要，允许别人也自由，这样才能让彼此的关系更靠近。

九、无法不成功型
已经半夜两点，太太非要让孩子把数学算对

她想要让孩子"强起来"，但却反而削弱孩子的力量，
让孩子更依赖母亲。

"这道数学题这么简单，你怎么不会解？擦掉，重算！"

她坐在儿子书桌旁，戴起她的老花眼镜。看到儿子的数学答题错误率这么高，虽然身体已经疲惫到不行，她仍然不时地大发雷霆。

此时已经半夜两点多，小学六年级的儿子打着哈欠，却又掩饰不住略微惊恐的神情。他想要打起精神答对数学题，眼皮却不争气地垂下。

"唉，妈妈都没打盹，你睡什么睡？这一页通通要算对，才能离开书桌，否则今晚就别睡了。"

先生被她高八度的声音惊醒，他走到儿子房门口，看着他们两人拼命撑在书桌前。先生皱了皱眉，走到儿子身后，看了一下数学题目，他本想上前指导，但太太眼尖，马上出声阻止。

"刚刚我已经跟他说明过要怎么解题了。他如果不自己想，会也是我们会，他永远都不会。"

太太的想法没有错，只是儿子已经累得脑袋无法运转，要他在这时候思考，实在强人所难。

"小孩子的睡眠最重要，赶快写一写，让他睡吧。"先生只能淡淡地这样说。

儿子抬头看了一下爸爸，眼神明显表示希望爸爸能让他脱离苦海。

但太太却突然跟先生吵了起来，大声地说："你别想让我们儿子变成跟你一样失败。如果你钱赚得比我多，再来跟我说怎么教小孩。"

先生瞪大双眼，气到说不出话，甩头走人。

太太从很小的时候，就比一般人努力，现在的她，已经是事业有成的企业老板。即使人人称羡，但一向自我要求高的她，仍然无法停下追求成功的脚步。

原来，她从小就有一位严格要求她课业的父亲，她不想让父亲失望，也常常将自己在成绩上的一次次成功挑战，当成送给父亲的礼物。从来没有辜负过父亲期望的她，毕业后，在事业上也大有斩获。

只是，她在结婚后，对成功的渴望除了表现在自己身上外，同时也把这份期待放在先生与小孩身上，这令先生和小孩万般痛苦，与她的争执也不断。

我们这社会不是也很鼓励一个人成功？父亲更是以她为荣，她错了吗？

心理咨询师这样说：

她这一生都希望能够让父亲有面子，成为父亲的骄傲。她也总是认为，一个害怕吃苦与磨练的人，注定与成功无缘，所以她怎么能让自己的孩子怠惰而一事无成？

在她的眼里，"失败""不尽力""驽钝"都是不允许的，因为那一定是自己不够拼命，没有展现出全力以赴的决心。

错综复杂的网状家庭

对于孩子的表现，如果父母适时给小孩压力，孩子感受到的会是合理的期待。但父母若过度苛责，没顾虑到每个小孩的资质不同，发展阶段也不同，或者将小孩的荣耀紧紧和自己绑在一起，而过度的干涉和侵犯，甚至无法分辨"这是小孩该负的责任，还是父母的责任"，那么就容易形成一种关系错综复杂的网状家庭。

"网状家庭"发挥到极致会变成"你的问题就是我的问题"，也就是"责任区分不清"，例如有些家长会觉得："都是你害我没面子。""因为有你，才造成我的不幸。""我的人生都被你的言行举止给毁了。"

这些苛责的背后，都充满父母自己的焦虑和担心自己因此不够好，所以对小孩严厉，对丈夫控制，或者对太太苛责，最后让所有人都不敢表达自己的心意，也不敢造次或违背。

但其实，没有人可以为别人的人生负责，我们也没有一个人是为了满足别人的期待而活。

孩子反而更依赖母亲

上述的这个家庭，每个人都没有独立性，当太太过度插手先生的管教，并将小孩的课业成就紧紧和自己绑在一起，家人间就更无法独立，也无法清楚地划分个人的界线，更无法达到太太想要孩子学习为自己负责的目标。

当她想要运用自己的期望，让孩子"强起来"的时候，却反而是在削弱孩子的个人力量，让孩子更依赖母亲。

另外，长久下来，孩子也会开始担心被别人发现自己其实是没有能力的人。当他这份羞愧感的时间一拉长，就容易在家庭气氛中蔓延开来，每个人都可能因此感到沮丧。

摆脱父母婚姻关系的练习：

其实很多人和她一样，当发现自己的成功模式无法套用到孩子身上的时候，也会感到挫折和气馁，所以态度上就更为逼迫或更严厉，以期达到某种效果。

或者，有些人会觉得因为我父母对我太严厉，所以我一定要给孩子空间，会充分尊重孩子，结果矫枉过正，反倒让孩子没大没小，孩子甚至还会指责或纠正父母。这些，都是我们想要修正和自己原生家庭关系时候的矛盾和挣扎。

也许我们都无法做到最好，但我们若能保持着觉知，觉察到自己某些不妥当的想法与行为是来自于原生家庭，那么就比较可以善待自己、善待孩子。

在了解孩子的能力和限制之后，依然可以达到原本的目标，只是换个对双方都比较好的方法，所以我们要先了解自己期望背后的需求和焦虑，才有机会想想什么方法更有效，才不会一心想为孩子好，却反而愈将孩子推离开我们身旁。

步骤一：在你的原生家庭中，爸妈最常要求你的是什么？你觉得对你人生有用的有哪些？而哪些是对你无用的？＿＿＿

＿＿＿＿＿＿＿＿＿＿＿＿＿＿＿＿＿＿＿＿＿＿＿＿＿。

步骤二：你对孩子的要求通常有哪些？　＿＿＿＿＿＿

＿＿＿＿＿＿＿＿＿＿＿＿＿＿＿＿＿＿＿＿＿＿＿＿＿。

步骤三：你对孩子的要求和爸妈要求你的，哪些是一样的，哪些又是不同的，为什么？

1.＿＿＿＿＿＿＿＿＿＿＿＿＿＿＿＿＿＿＿＿＿。

2.＿＿＿＿＿＿＿＿＿＿＿＿＿＿＿＿＿＿＿＿＿。

3.＿＿＿＿＿＿＿＿＿＿＿＿＿＿＿＿＿＿＿＿＿。

步骤四：你会怎么与另一半协调以上的要求和期望？也

请和你的另一半沟通出你们的共识。＿＿＿＿＿＿＿＿

＿＿＿＿＿＿＿＿＿＿＿＿＿＿＿。

步骤五：如果你愿意，请你写封信给你的孩子，告诉他，你爱他，你期望他可以做到＿＿＿＿＿＿＿＿，是因为

＿＿＿＿＿＿＿＿＿＿＿＿＿＿＿。

并告诉他，你想听听他的意见，你对他的期望，是他想要的吗？如果是，他可以怎么配合＿＿＿＿＿＿＿＿

＿＿＿＿＿＿＿＿＿＿＿＿＿＿＿＿＿。若不是，他是否想到其他的方式，以及如何达成。

我们都希望孩子能够通过父母的引导及期待，懂得为自己设定目标，学会为自己负责，过一个他们希望，而父母也无须忧虑的人生。

请你给你的孩子写一封温暖的信，告诉他你对他的关心与爱。最重要的是，表达你会支持他，在他受挫或伤心时，也会陪伴他。你相信，你对他的支持与爱，会让孩子长出自己的模样。

十、负面思考型

一失业，先生从此一蹶不振

初二时，他就决心要往上爬。

因为他要让自己好到父母都不会抛弃他才行。

"我是个没有价值的人，你嫁给我吃苦，真倒霉。"他又哭丧着脸，自暴自弃地说着。

"不要乱讲话。你今天吃药了没？"

"吃药了没"，变成太太和他每一天的对话。太太面对常常沮丧的他，心里很纷乱，但却又不敢说出来，她怕增加先生的负担。他们常常吵架，太太也常退让，但先生的负面情绪一来，就像是一个黑洞，将他们关系中的活力和希望全部吸了进去。

他本来是知名企业的中层主管，因为他的优异表现，很快成为总监眼里的红人，也因此不断加薪、升职。但没想到，在总监被撤换的隔天，所有的中层主管也整批被撤换，他虽然没被撤换，但却被降了职。

他非常不甘心，结果罹患忧郁症。

读初二时，他的父母离婚，他永远记得父母彼此争财产、争监护权，那段闹得不可开交的痛苦日子。

当时，他深知自己处理不来父母的争执，他只是不愿意被当成商品，放在台面上被争夺、交易。他感觉自己无论如何都要失去父母任一方，他已经失去人生的主控权。于是，他决心从此要往上爬，头也不回一直往上爬，他要让自己好到父母都不可以抛弃他才行。

只是这一次，他摔了一大跤，他在心里已经无法接受这样失败的自己，更没想到他的失败会拖累心爱的人。

他用了最坏的方法，想将太太赶走……

心理咨询师这样说：

他在被降职的失意中，整个人像跌落到谷底，一蹶不振。当他看见自己的无能，也同时觉得无法再给身边的人安稳的生活时，他所感受到的是，他又再度被人遗弃了一次。

他无法面对自己的失败，无法面对自己带给别人的拖累。他心里的痛苦是"我没有价值了，还有谁会要我？"他也觉得别人一定都在背后偷偷嘲讽他，因为他是如此失败。

未失败前，已感受到恐慌

加上忧郁症又间接加强他的负面思考，他觉得自己如此无能，是不是又要被抛弃？这一连串的连锁效应，让他感到自己更软弱、无能，而他打心底里不愿意接受。

这类型的人，在投射性认同里，属于"权力型"，他们戮力完成目标，不允许自己失败，也不允许自己有任何的难堪，有部分混杂着完美主义。

但水可载舟，亦可覆舟，这些完美的信念，却可能正是压垮他们的来源。他们从中获得成就感和操控，但也在失控的局面中，在失败还没来临之前，就感受到可能全盘皆输的恐慌。

让我们允许自己脆弱

其实，他忘记了，在亲密关系中不用当超人。目前被忧郁缠身的他愈想当超人，就愈看见自己的无能和失控。

他的另一半必须一次次地保证："我很心疼你，你这么努力，是为了让我不离弃你。我想跟你说的是，你不必这么成功，我依然会爱你。我爱所有的你，我不会离弃你。"唯有一次次的爱和保证，搭配药物治疗和心理咨询，慢慢微调和修复，他才能从谷底爬上来。

摆脱父母婚姻关系的练习：

为我们心里好害怕不再有能力的自己，默祷一段允许脆弱的祝祷文。

给总是害怕的你，祝祷文：

"亲爱的小孩，你可以不用这么用力冲冲冲，你可以不用吸收别人失望的眼神。你是你，你是独一无二的你。你不用一直表现得这么好，也依然值得被爱、被喜欢。记得，你是你，这个世界上最难放过自己的你，你是最该被好好疼惜的人。不用焦虑、不用担忧，尽管放宽心，那些追赶你的，不是要逼迫你，更不是要嫌弃你。'我有时也累了，想要休息'，这种想法并不是做错事。当你觉得'这是真的吗？可以不必这么用力吗？'的时候，请记得跟自己说：'真的，休息一下，世界一样在运转，我不需要担负起全世界的责任，我不用当超人。'只要依照自己的能力，然后也看见自己的限制，再好好发挥就好了。

"'多给自己空间'，是一个新的练习，你很不习惯没关系，你已经当超人太久了，你紧抓太多了，现在我们一起练习'放松、放松、放轻松'，也想一想，什么时候你最快乐，什么时候你最能放下负担。

"然后，多给自己一点肯定，'肯定'是自己给的，不用往外求，相信你可以慢慢做到。"

十一、拒爱型

父亲过世，先生一滴泪也没掉

他承袭了父母对待他的方式。

他对待自己的大儿子、从不手软……

　　这天是公公的出殡日，家人都穿着庄严、肃穆的黑色套装出席，送公公最后一程。

　　"为什么你爸过世了，你却一点都没有哀伤的样子？"她一边掉眼泪，一边抬头望向冷若冰霜的先生。

先生盯着父亲的遗像，不发一语。

沉默一阵子之后，先生只幽幽地说了句："我去外面抽根烟……"

直到烟圈一环环缠住他的思绪，他好似在烟圈的保护下，才能听见心里微弱的声音。

"不晓得为何我始终无法忘记他从小狠狠打我的样子，那是如此凶狠，好像要杀了我一样。现在他死了，可我一点都哭不出来。即便到今天，我依然恨他。我恨他对我总是如此严厉，我恨他因为我是家里的老大而羞辱我。我怎么能这么恨他？恨到我也是这样对我儿子的……"

他心里没有答案，可是他却知道他承袭了父亲所说的，"你是家中的老大，你就一定要……"他从小没好好当过小孩，当弟弟妹妹接二连三地出生，他只是一而再再而三被逼迫着长大。

他疼爱自己的弟弟妹妹，却也气弟弟妹妹剥夺了他的童年。他爱爸妈，却也气爸妈总是只要求他，甚至弟弟妹妹做错事，他也要一并受罚。他感受不到爱，只剩下恨和无助。

只可惜，他似乎也承袭了父母对待他的方式。他对待他的大儿子，从不手软……

心理咨询师这样说：

在咨询的现场，常常见到这样被迫长大的孩子。无论男女，他们都有一个共通点，他们拒绝与自己的"无助感"接触。他们认为一旦接触了自己"幼小又无能的状态"，一定会再度被抛弃。

渴望爱，却又拒绝爱

于是，他们渴望爱，却又拒绝爱。通常他们会在亲密关系中发现，原来亲密是他们心里的渴求，可是一旦真的与对方组成家庭，他们却又会与另一半"保持距离，以策安全"，这往往形成他们与另一半之间的一面墙。

我们没有一个人是可以单独生活在世界上的，但是对他们来说，独活远比"总有一天被拒绝来得好"。他们不断为自己打着"因为害怕被抛弃，所以降低期望"的预防针，一针又一针地麻痹自己，然后不可自拔。

当他们有了孩子，他们一方面害怕自己重蹈覆辙，会用他们父母对待他们的方式，来对待孩子，但一方面却又无法不重蹈覆辙，只是比较轻微。

排行老大的孩子，责任感最重

以文中的他来说，他承担了排行老大、被赋予许多职责、被逼迫着长大的宿命。维也纳心理学家华特·托曼（Walter Toman）曾探讨手足排行对人格及社会行为的影响，他发现家中每个角色的反应与排行是相关联的。

家中的老大会跟父亲有一份特殊的关系。他会以行动显示与父亲的关系，甚至担负起父亲都无法担负的责任，是家中最被赋予期望但较为沉重的角色。

老二是家中情绪最敏感的孩子，他期望能够去满足和讨好别人。他能够尊重家中无形的规则，对家人对话之间的弦外之音也比较了解，对事物的判定较为两极，不喜欢模糊、没有界限的事情。

老三则觉得自己需要为父母的关系负起责任。所以有时候，他们会用犯错、违规来缓和父母之间的关系。

老四则是承担起家人间团结的使命，为家庭的和谐负责。

无论是排行第几，每一个孩子都很需要父母的关照。但在我们的文化里，当夫妻变成父母，父母常常出现疲于奔命的状况，他们会冀望老大能够扛起分担的责任。这是人之常情，只是，如果也能保留一点点和老大的"特殊相处时间"，也许除了能让老大用自己的方式成长外，也能维系住和老大之间的亲情，而非因为严格、期待过深或责任过重，而把孩子逼远了。

摆脱父母婚姻关系的练习：

大多数的人都是当了父母，才知道当父母是怎么一回事。现在的你，请给自己"一封自我承诺书"。

我现在已经_____岁，虽然我记得我小时候的难受和无助，但是我已经长大，父母也已经年迈，他们对我的影响力已经不如当年，而且父母当年可能也有他们的难处，我愿意试着谅解。现在我已经长大成人，我要重新好好爱自己，对待自己。

我愿意立下一封"我愿意"的自我承诺书，内容如下：

☐我愿意对自己说，我早就已经脱离小时候的情境。

☐我愿意对自己说，从今以后，我可以自己肯定自己。

☐我愿意负起自己接下来的人生责任。

☐我愿意了解父母那个年代下的难处和限制。

□我愿意避免自己重蹈父母的覆辙对孩子的错误对待。

□我愿意将和父母之间的温暖回忆传承下去。

□我愿意珍惜父母与我相处的美好时刻。

□我愿意了解父母心里说不清楚，也不好意思讲出来的话。

□我愿意不再被过去的限制捆绑住。

□我愿意不再重蹈过去的恶梦。

□我愿意诚实地面对自己的脆弱、无助。

□我愿意为自己的优点感到自豪。

□我愿意肯定自己所做的许多好事。

□我愿意安抚自己，尤其是童年曾经有过的害怕和担忧。

□我愿意了解父母对他们的婚姻，也有失望和无助。

□我愿意了解父母对他们的婚姻，也有盼望和希冀。

□我愿意了解自己不是圣人，也有犯错和怨怼的时候。

□我愿意了解自己不是受害者，也会有积极帮助自己的时刻。

□我愿意了解自己心里也有一个还没长大的孩子，我会回头拥抱他、爱他、疗愈他。

□我愿意告诉心里的自己："无论你是什么样子，我爱你，我会爱你，我永远爱你。"

□其他

十二、害怕独活型

公公过世，先生也崩溃

如果太太很快就替代公公的职责，变成家中最强的人，

那么，他和母亲就会持续无助。

"妈妈又没吃饭，我们要不要买点东西过去？"

他是家中独子，听见外佣打电话来说母亲在家又摔东西，又闹脾气，也不吃饭，他心急如焚，连忙对太太提议两人回家一趟。

"妈自从爸过世后，心情一直都不好。一下子说不需要我们，一下子又说没有我们不行，这该怎么办？"太太也很担心。

他的母亲一直依恃父亲而活，完全是出嫁从夫的传统观念。只是，父亲被检查出罹患大肠癌末期撒手人寰。这个震撼炸弹，除了让母亲陷入绝望，间接也冲击着他。

就像母亲一样，他也在父亲的保护伞之下长大。他从不忤逆父亲，因为他知道父亲总有他的道理。在父亲强势的外表之下，家人都能感受到他其实非常爱家。他也从未想过身体一向硬朗的父亲，会突然什么都没交代就离开人世。

这阵子，他跟母亲一样，心情常常起伏失控，还对太太大吼。

所以当他听见母亲不吃不喝时，其实也是他最害怕失去母亲的时候。父亲骤逝对家庭的冲击，他还没来得及调适，就又得撑住伤心欲绝的母亲，以及还没习惯使用自己的羽翼去飞行的自己。

在这种状况下，他被期待撑起整个家庭。他知道，自己并没有想象中这么勇敢。当他看见母亲的害怕，就撕裂他自己心底对父亲骤逝的伤口，以及自己也年近五十的害怕，只是，当他愈害怕，就愈觉得自己没办法独活，就对太太愈颐指气使，甚至当父亲重病之际，他也愈轻信权威人士的偏方。

这其实都是基于他开始意识到自己再也没有一个强大的父亲守护着自己。他的心底一直觉得自己很软弱，而生命也很脆弱，却忘记他也有自己的肩膀、自己的手脚，他可以站起来，去陪伴太太迎接生命的无常。

心理咨询师这样说：

家人骤逝，带给家人之间的冲击程度不尽相同。只是，若家中的支柱倒下，对于长期认为自己没办法独活的家人，他们不但即将面临家中的混乱和重组，顿失重心的他们，若又表现出没有能力照顾好自己，那么生活将会受到更大的冲击。

在一个家庭里，当支柱够强大，其他人就可以攀附而活。但风险是如果支柱倒下，那么就像骨牌效应一般，所有依赖的人，可能都会垮掉。

爱不该和控制绑在一起

这是属于投射性认同里的"依赖型"。他们信仰权威，乐于被其指导。在这样的家庭里，爱和控制绑在一起。强势者乐于控制、发号施令，而跟随者则是不用做决定、不必处理自己的生活。

在强势者和依赖者的互动下，他们维系了"你来照顾我"，以及"你好强，你怎么会这么照顾人"的互动模式。这样的模式会让依赖者无法切断脐带，无法自主做大人，他们也不允许自己够强壮，可以独立解决问题。他们常诱导强者来照顾他们，以便喂养强者的成就感。

陪伴、信任与鼓励

以上述的例子来说，当父亲突然过世，他和母亲两人都瞬间失去了依靠，即便时势所逼，要他们用自己的双脚站起来，但事实是，母子都处于"失足"的状态。

要处理投射性认同的依赖类型，方法是以关怀及耐心陪伴他们，并让他们学会使用自己的双脚。但如果他的太太很快就替代了公公的职责，变成家中最强的人，那么他和母亲就会持续无助。因为他们太习惯依靠别人活下去，太习惯诱发别人来照顾他们。

他的太太若能耐得住投射认同的状况，对先生和婆婆多一点的信任和鼓励，并且让他们也有信心面对突发状况，相信新的平衡会慢慢产生。

摆脱父母婚姻关系的练习：

为我们心里总是想依赖别人的那个胆怯的自己，默祷一段充满爱和鼓励的祝祷文。

给总是依赖的你，祝祷文：

"亲爱的小孩，你不用将自己缩得这么小。你不用担心，害怕有人会伤害你，你可以尝试探出头来，给这世界多一点信任。

"你是你，如此独特的你，你不用一直这么无所依。你值得被尊重、被捧在手心疼，因为你不需要理由就值得被爱、被接受。你不用将自己缩小，才能让别人怜惜你；你也不用将自己摆得很后面，才仰望着谁会发现你。

"记得你是你，别再为难自己，你最该是被好好看见，去好好展现。不用担忧、不用惧怕，你可以成为你自己。成为自己是多么美好的一件事情，就像这个世界上拥有这么一个独特的你。你要记得，你不用待在谁身边才能活，你可以从他人眼光认出自己，然后好好让自己喜欢的那部分长大，不用压抑、不用担心，只要你说的、你做的、你爱的、你所活出来的，其实都是如此好看的。"

十三、自卑型

一讲到钱，先生就抓狂

只要太太一不满意他，

他就会觉得"你看不起我""你在羞辱我"。

"你都不想想你爸这么大年纪，又失智、又乱叫的，我们俩都有工作，要不要请外佣帮忙？"她一边折晾好的衣服，一边与先生讨论。

"请外佣要花多少钱？我们付得起吗？大家分担一下，

日子不也能过去？"先生听到要花钱，马上板起脸孔。

"外佣一个月顶多花一万多元。我们疲于奔命，又担心爸没吃饭……你真的觉得比较轻松吗？"

不等先生响应，她又补了一句，"不过，如果你是担心钱，我来付。"

一听到这句话，他突然失控，大声说："你少在那边借题发挥，说得我好像很无能。"

他最讨厌别人在金钱的话题上让他难堪。他从小就看着父母经常为钱吵架，当年父亲失业在家，甚至还对母亲大打出手。

他印象中的父亲令他十分丢脸。他从小一方面庆幸自己和弟弟因为低收入户的身份，可以让家里多点补助，但一方面却又觉得在同学之间很没面子。学校的作业只要与家庭关系有关，都让他压力很大。他常常粉饰太平，只为了不让自己在同学面前抬不起头。

长大后的他，虽然早已脱离穷困的环境，而且收入不错，但是他心底仍然非常害怕别人瞧不起他，尤其当他面对太太的指责，那就像是直接踩中他心里最敏感的那根神经。

心理咨询师这样说：

他的自卑问题，大大影响他和太太的关系。

不断失焦，陷入恶性循环

只要太太一不满意他，他就会觉得"你看不起我""你在羞辱我""你在说我不够好"。只是，当他心里有这些声音或做出言语反弹的时候，就容易又把事情的焦点模糊掉了。

他原本想要摆脱自卑，没想到又反被自卑影响着。当他反弹，就又让太太更看不起他。他一方面想要摆脱自卑，却意外的因为自卑心态被引发，而与太太陷入不愉快。

家庭秘密带来的伤害

对他来说，"父亲的失能"是不能说出口的家庭秘密。他要伪装一切没事，家庭和乐，也唯有掩盖一切，才能更显得自己没有问题，这一点，其实已经让他耗尽心力。所以当这个秘密只要稍微一被碰触的时候，他就像惊弓之鸟，即便是面对太太也一样。

对他来说，他会觉得这个恶梦为什么还没有结束？除了从小因为家里的状况而感到丢脸，怎么长大后，还要因为爸爸的失智而付出更多的代价。他觉得自己的小心翼翼，自己的努力守住秘密，都被爸爸破坏着。

但他也觉得爸爸可怜，只是不甘心自己也被拖累着。他死守着这个不能说出口的负担，也渐渐变成一种自己出不去、别人也进不来的窘境。

这样的状况，导致家里关系变得很紧张，每个人都很紧绷。

他一方面想要开展自己的生活，却在另一方面把自己绑住。他一直认为自己不可以被认为失败、不可以被视为无能，他并没有真正了解，这是"自卑心态"夹杂着"想要隐瞒家庭秘密"所引起的羞愧感。

摆脱父母婚姻关系的练习：

在家庭中，我们最主要的目标都是"保护自己"和"维系关系"，只是面对家庭中有不可说、不可言的秘密的时候，我们就容易变得警觉，以及过度反应。

你知道你过度反应的来源吗？是跟谁有关呢？他跟你的

关系又是如何呢？ _____

_____。

这样的过度反应，其实是你想要维护自己的哪一部分？
请勾选出来：

☐自尊心

☐面子

☐别被人小看

☐别被视为无能

☐别被认为不够好

☐不因评价而受伤

☐被认可

☐被欣赏

☐我是出身于正常家庭

☐我个人没有问题

☐其他

这样的过度反应，又是如何维系住家人关系？请勾选
出来：

☐我们家没有问题

□我的家人不会因此受伤

□我的家人不会被瞧不起

□不想家人承受不好的眼光

□我的家人不会被评价

□我的家人不会被认为无知

□我的家人不会遭受指责

□我的家人不会被视为无能

□其他

隐藏家庭秘密的背后，一定有很重要的原因，促使我们努力去与外界奋战。只是，当我们奋战的同时，也会希望家人能对我们的行动有些理解，甚或是冀望家人也能站在同一阵线，有共同的意图和目标，使得家人的关系更好。

只是这份想被理解的焦虑，一方面容易引发家人间更多的误解，同时也因为过度小心翼翼，而促使彼此更不了解，这些都很可惜。所以，以上勾选的内容是让我们练习以"负责任"的态度，跟家人沟通我们的"原意"。

以上述个案为例，他可以向太太说明：

"当你提到要将爸爸送去养老院的时候，其实我很紧张，你知道我跟爸爸有很多新仇旧恨，让我们常常在提到他时，我的态度就变得很奇怪。其实，我因为他，而常提醒自己不能无能，不能被瞧不起。我也会告诉自己，我们家并不会因为他而变成有问题的家，更不会因为他而蒙受不好的眼光。所以，当你讲到关于爸爸的问题时，我就会变得很激动。

"也许，你建议的是，怎么做可以让我们更没有负担，而并不是要将爸爸有问题这件事情搬出台面。我想也许我们可以讨论该如何做（怎么做）……"

或许你能参考以上的范例，想想容易让自己抓狂的家庭秘密是什么，而这个秘密又对你们的亲密关系产生什么影响或杀伤力。

Part 2
为什么另一半的地雷这么多

拯救者型——

影射型——

强势型——

罪恶感型——

上紧发条型——

自怜型——

疏离型——

永远不够好型——

置身事外型——

夸海口型——

情绪型——

十四、拯救者型

成为第三者，原因是来自父母的婚姻？

夫妻关系不睦时，

很容易让孩子变成处理父母关系的救火队。

"你到底什么时候才要和她分手？你不是说跟她在一起很痛苦吗？"她生气地问 S 先生。

"时机未到啊，我跟你说，她的个性拖泥带水。你再给我一点时间。"

他很想避开这个问题，但又深知已经拖了五年，他却还没办法解决。

"给你时间？"她一听到这句话，瞬间点燃怒火。

"你说她跟你闹自杀，你离不开。你说你担心她家人会怎么看你，你说你一定会跟她讲清楚，但都五年了啊……"她将自己的怨气一口气发泄了出来。

她生长在父母关系复杂的家庭。从小因目睹父母长期争执，让她内心里的不安全感不断滋长。后来她发现母亲回避父亲的方式，就是不断偷偷外遇，她却又成为家里唯一知道秘密，却又不可说的那个人。

她一方面可怜父亲被蒙在鼓里，一方面却又对母亲不离开这段糟糕的婚姻关系感到生气。这个生气让她决定自己以后一定不要陷入这样的关系，她会努力寻找到真爱，而且一定会好好珍惜。

眼前的S先生难道不是她的真爱吗？回想起来，一开始她被S先生吸引，竟然是因为S先生与她父母一样，也陷在一段不快乐的婚姻关系里。

她陪伴S先生，听他诉苦，没想到却无可自拔地深陷其中，一步步迈入难以脱身的第三者身份里……

心理咨询师这样说：

在我常驻的 Q & A 专栏中，常常有读者来信询问，成为第三者的痛苦与无奈，以及该如何是好。男女皆有，他们共同的困境是进退两难。

我们发现劈腿的人常会以"你走吧，独留我痛苦就好。""我其实没有爱过她，但我就是舍不下。"这样的低姿态，散发出一种"我见犹怜"的求救讯号，而这最容易获得拯救者的目光和垂怜。

渴望被呵护、被照顾

但其实，拯救者出手相救的原因，除了是基于对求助者的怜惜之外，他们也往往渴望被呵护、被照顾。当他们看见对方付出这么多，却得不到回报的时候，就不由得介入，最后反而让自己也身陷其中。

以上述的她来说，她长年待在充满无助的家庭关系中，充分感受到父母对彼此关系的攻伐。尤其，她的父母又是如此回避彼此的关系，家里的紧张感也随着这种疏离而增加。

在这样家庭气氛中长大的孩子，他们常常在下意识中就担负起"父母彼此无法亲密"的责任。他们认为父母的关系，他们也有责任。

当她知道原来这不是自己不乖或做错事，才导致父母关系不好时，却又见到母亲放弃对父亲的冀望，而长年往外寻求慰藉，她一方面会感到矛盾，一方面也会感到愤怒。

从"一定要……"到变成逞强

当父母的关系出现问题，父母又没有能力有效地处理时，年幼的孩子常会产生一种拯救者的心理状态。这种状态影响着他们的未来关系，"如果有一天我有能力了，我一定要……"，或者"如果有一天，我一定不要……"，这种"一定要"或者"一定不要……"的心态，到最后常演变成一种"逞强"的心理。

这样的心理状态，内在语言包括："我不准自己失败""遇到困难，为避免丢脸，我尽量不寻求外援""好坏得失，我都自己承担"，所以就更执着，而当别人劝退的时候，反而会因为逞强的心态，认为"我的判断没有错""再多努力一点，应该就……"，这些"应该"的执着，将他们推入一个没有退路的深渊。愈执着，就会愈偏离一般人的状况。

成为回避爱情的帮凶

对上述的她来说，她很想获得安全感，但在想获得安全感的同时，她原以为自己是Ｓ先生感情困境的拯救者，但最后却意外变成"Ｓ先生轻松回避现任感情"的帮凶。

她忘记了，当Ｓ先生愈对她投注感情，就愈能回避他和另一半的冲突，甚至是Ｓ先生因为愧疚而更去弥补另一半。这种食物链循环，就是"Ａ追着Ｂ，Ｂ回头追着Ｃ，当Ａ要离开，却又得到Ｂ的怜悯"。

可是感情毕竟不是食物链，而是一种配对，当Ａ追着Ｂ的同时，Ｂ更对Ｃ产生愧疚，如此一来，Ｂ变成了一种进可攻、退可守的双重选择。当Ａ企盼Ｂ放弃Ｃ的同时，Ｂ是谁也不会放的，因为对Ｂ来说，三角关系是最平衡稳当的。

她从原生家庭学来的感情观，注定会以悲剧收场。因为，感情的基础是能够安全地面对两人关系。无论对方的关系有多糟，都不足以变成她投身为第三者的理由。

无论对方与另一半的关系有多差，更不足以拿第三者来介入，以解决他和另一半的关系。因为这样一来，即便第三者成正宫，也难免不会担忧和对方起冲突之后，对方会不会再找另一个第三者来逃避彼此的冲突。于是，最想要处理问题的一方，就变成最无法解决问题的那个人。

摆脱父母婚姻关系的练习：

第三者的问题，是一种"信任感被破坏"的问题，更是"人与人界线被破坏"的问题。

界线，其实是一种规则，就像是我们之间有了婚姻契约而形成夫妻，夫妻之间有彼此分工的职责、亲密的需求、责任和承诺，这是成为夫妻关系的条件和规则。相对的，在"亲子关系"中，除了血缘的条件外，也有亲子之间教养、抚育、情感响应，这就是亲子关系形成的条件，亲子之间也有所约束和规则。

不该让孩子成为救火队

在家庭中，尤其是"父母关系"的界线被破坏时，常会造成家庭的不安和动荡，更影响孩子的发展。夫妻界线的模糊感，更容易让孩子变成处理父母关系的救火队。

每个孩子使用的方式不同：有些孩子会不断生病；有些孩子会不断出状况；有些孩子会过度早熟，成为父母的小帮手；有些孩子则是在家里永远失去自己的意见；有些孩子是过度追求成就，只为了让家人放心。另外，有些孩子更可能学会用奇怪的方式，去证明自己值得被爱、证明自己永远不会被抛弃，进而游走在关系中界线模糊的危险边缘，而不自知。

破坏界线，严重影响彼此关系

在我处理的个案中，常会听见"我爱我女儿，胜于我老婆。""爸爸只爱跟你出去，妈妈不重要。""只有哥哥最听得懂妈妈讲的话，爸爸都不知道在干嘛。"这也是种界线的破坏。

在伴侣关系中，我们也常听到男生提到"和前女友的感情像家人"，或者女生说"前男友像我哥哥一样"这样的模糊说法，对于关系的态度，游走在保有前段关系和现任的模糊地带。

在你的经验里，是否也曾经落入这种"我和你""你和她"或者"父母与孩子"界线不明的状况呢？让我们看看重要的关系里，我们彼此的位置和界线。

步骤一：依据奥尔森（Olson）的理论，将家庭关系中的界线形态，分成以下三种：黏腻纠结型、疏离松散型、平衡适中型。

※ 黏腻纠结型：属于较为强势，容易造成彼此的压力和负担，也是关系中最容易导致彼此有罪恶感，却最不准对方有自己空间的一种。

他们常常会说："没有你，我怎么办？"这类的话。但这样的关系很容易被外界入侵，因为这种相处模式会造成彼此很大的压力。

※ 平衡适中型：最为弹性适中，且较为健康。他们允许彼此自主，可以亲密，但又不会过度干涉，是让彼此都拥有"尊重"空间的成熟关系。

※ 疏离松散型：双方都容易戴着防护罩，不容易跨越那一条彼此已经不相往来的鸿沟。

步骤二：你想要锁定哪些关系呢？例如：前男友、母亲、祖母，还是你和儿女的关系。请你挑选一段关系，并且在下一页的表格上写下自己和这段关系的形态。

我们无法拯救任何人

建议你可以从列出的这些关系中，看出你与这些人的亲疏远近，并且从中了解自己和对方的相处类型，也从中了解这些关系对你的影响，以及为何你要选择以这样的方式和对方互动，这对你的生活造成什么影响。如果你可以选择，你会怎么调整彼此的关系，让你较为舒适、自在。

对象一	他们的关系是	对象二	对你的影响是
我	□黏腻型 □平衡型 □疏离型	男友	
我	□黏腻型 □平衡型 □疏离型	母亲	
	□黏腻型 □平衡型 □疏离型		
	□黏腻型 □平衡型 □疏离型		
	□黏腻型 □平衡型 □疏离型		

另外，你也可以检视父母以及祖父母之间的关系形态，并且对应到自己，你们是否有相同或相异之处。

最重要的是，我们要保持觉察。如果，我们小时候的愿望是拯救父母，但其实真实的状况是，我们没办法拯救任何人。

这不是一个令人泄气的发现，而是我们应该先把自己照顾好，唯有把自己照顾好，才可能与身边的人经营出一段够好的关系。

十五、影射型

太太话都不讲清楚，我只能用猜的

她交往的对象都比较温和，因为她无法接受像她爸爸一样，会幼稚甩门而出的男人当伴侣。

"哥哥，快来吃饭，你是要我讲几次啊？"

她一边切蒜头，一边喊儿子吃饭，一边还顺手签了孩子的学校联络簿。

"动作快一点，成天只会玩电脑，饭是都不用吃吗？"

　　儿子一听，心不甘情不愿地上饭桌，但他知道，妈妈是在念爸爸，因为不是他在玩电脑。

　　"吃饭前，桌上的东西是不会先收一收吗？别像你爸长这么大了，习惯还这么差。"儿子觉得自己有点倒霉，但他还是配合地收拾了一下，同时还瞄了爸爸一眼。

　　她先生身为公司的小组长，平日工作就很忙，有时候半夜还在回信，但即使她已经把话说得这么白了，她先生却仍然头也不抬一下。

心理咨询师这样说：

　　相信像这对夫妻这样陷入沟通困境的伴侣，很多人都不陌生。无论是邻居、朋友或你自己，很多人的家里就是这样。当爸爸愈沉默，妈妈就愈疯狂；当爸爸愈计较，妈妈就比较好说话。这是比较出来的，也是家庭补位出来的结果。

　　女儿复制起妈妈的角色

　　上述例子里的太太是在一个常常爆发冲突的家庭长大，她因为从小就看到太多的争执与吵闹，所以她非常害怕冲突，于是渐渐地，想回避冲突的她，学会用影射的方式来表达。她认为这样的表达方式最委婉，也最能避免冲突。

一直以来，她所交往或挑选的对象，脾气都比较温和，毕竟她再也无法接受一个像她爸爸一样，会幼稚甩门而出的男人当伴侣。

她原以为她的恶梦早已终结，可是当她看见先生对她毫无反应时，她就又好像看见童年时那个沉默寡言却隐藏怒气的爸爸，而当她先生愈是不理她，她就愈惶恐，她自己也就愈来愈像当年那个紧抓住爸爸不放的妈妈。

当她意识到这一点，她的嗓门就拉得愈高。就在那一瞬间，她也就变成当年那个她最不认同，也最不可理喻的母亲。

愈不理太太，太太愈抓狂

精神分析师梅兰妮·克莱恩（Melanie Klein）曾提出"投射认同"的观点，当上述例子里的先生愈不允许自己有情绪，某个部分的他，却会将"情绪的需求"投射到太太身上。

当太太因为先生的冷若冰霜而苦恼的时候，就容易用情绪化的方式"表现出来"给先生看，先生看了会觉得不舒服，因为那是他压抑掉的一部分。他担心看见情绪就会失控，所以他不但压抑自己的情绪，更不能看见身边的人情绪化。因此，他愈是不理太太，或认为他不理太太，太太自然就可以冷静下来，但其实太太只会愈加激动。

这种状况，家里的气氛只会愈来愈糟，不但把孩子也卷进去，夫妻两人也会觉得彼此都很受伤。

情绪不能防堵，只能疏解

我们每个人都会有情绪，情绪不能防堵，只能疏解。当她的成长环境让她学会用影射来表达事情时，这在沟通上却往往出现反效果。因为被影射的人通常心里会是不舒服的，建议不妨试着说出自己的想法，或说出自己的期望，才能达到沟通的目的。

摆脱父母婚姻关系的练习：

我们每一个人都无可避免地受到原生家庭的影响，我们也非常容易将原生家庭的习惯，自然而然地带到现在的婚姻状况里。

请回想你童年时，你的"家庭气氛"如何？是会感受到拘谨与有压力？还是很放松、自在与快乐？又或是有些紧张？甚至是动辄得咎？请回想一下，并依照下列步骤画下来：

步骤一：请想象一件你们家人之间最常做的事情，并把这个画面画下来。

若觉得有些困难，请想象你们家人一起在客厅聊天或看电视，并画出客厅里有几个人。

步骤二：他们各自在做些什么？他们脸部的表情是什么？

步骤三：快问快答时间：

1. 基于他们的脸部表情，他们现在是什么心情？

2. 这是他们平常互动的样子吗？还是你想的？

3. 以爸爸为例，通常，当爸爸有＿＿＿＿＿的反应，你们各自会怎么应对？

例如：爸爸骂人的时候，姊姊会先躲起来，我会很紧张，妈妈则是先安抚爸爸，要他先冷静一下。再例如：爸爸开心的时候，妈妈会吐槽他，姊姊会唱反调，我则是跟着高兴等。

请写下当你们家人面对高兴、生气、悲伤的事情时，各自的反应。

4. 这样的家庭经验，你会形容你们家的家庭气氛是：＿＿
＿＿＿＿＿＿＿＿＿＿＿＿＿＿＿＿＿＿＿＿＿＿＿＿＿＿＿。

5. 假设你有机会组成自己的家庭，你会希望保留家里的哪些气氛? _____。

　或增加哪些气氛? _____

_____。

　请在下方画出你理想家庭的样貌，并和你的另一半分享。

　你的家庭气氛和另一半的有何相近或相异之处，你们会怎么保有或增删这些气氛? 这对你们来说的意义是什么? __

_____。

　童年时的我们，对于大人的给予，只能全然接受，包括他们在争执或吵闹时，我们感受到的惶恐与惊吓。大人当时不懂需要安抚我们，或告诉我们发生了什么事，于是那份惶恐与惊吓，就在我们心里生了根。

　但现在已经长大的你，其实是有能力回头去照顾当年受惶恐与惊吓的自己，就从这一刻开始。

十六、强势型

所有的事，都太太说了算

她的心里充斥着无数声音，

例如："你不能懒散，不然你的生活会垮掉。"

"把精力汤喝了，再出门！"她一边收拾自己的公文包，一边提醒正要出门的先生。

"我现在不想喝！"先生的语气明显带着一丝不悦。

"我是为你好，精力汤对身体很好，你为什么总是不听？"她语气有点着急。

"我很不喜欢你这种态度，好像凡事都是你最对一样！"先生冲口而出。

听到先生这样说，她愣住了两秒，接着，她把桌上的精力汤拿去全部倒掉。

"你干嘛把它倒掉，很浪费！"

"我就是要让你知道，你没得选，只能听我的。"太太拿起公文包往外走，将门用力甩上。

先生生着闷气，怒冲冲地离开家。他一脸涨红，但心里却凉飕飕。他知道太太关心他，可是那样跋扈的态度，谁受得了呢？他要如何相信太太是为他好，而不是只想控制他？

在她赶着搭公交车的路上，她忍不住掉下眼泪。她很生气，但这生气其实是一种无助。

从小，她如果哭，是会躲起来的，因为她觉得哭是懦弱的行为，所以她不准别人看见。一旦被看见，她就觉得自己跟懦弱的母亲一样。

她的母亲总是被父亲欺侮，并默默忍受着。面对父亲的暴力相向，母亲非但没有离开，还一肩扛起三个小孩的生计。

在家里的经济陷入困顿时，母亲总是低着头，跟亲朋好

友借钱，母亲到处求人，却也处处碰壁。母亲的苦苦哀求，
她觉得很丢脸。"我不准自己变成母亲那副模样"，一想起
这句话，她马上收起眼泪。

心理咨询师这样说：

她的童年经验，让她决定将自己脆弱的一面隔绝在外。
因为，当她看见自己脆弱的时候，觉得那就是受了母亲的诅
咒或遗传。

她决定要很强势地过生活，这让她在职场上，成为值得
依靠的称职主管。权威的她，不但做到公私赏罚分明，也让
属下对她崇敬不已。她铁面无私，要求干部每个人都要为自
己的选择负责。

她内心里的权威感，是来自于童年的痛苦。对她来说，
唯一终止痛苦的方式，就是"强势取得资源，选择更好的生
活"。她实在太害怕再度落入童年的痛苦，她要脱离"人生
失败组的鲁蛇（loser）命运"。她要脱离那种被欺侮，畏首
畏尾地被压迫着、难堪不已的生活。

所以，先生的反弹就更激发她的权威性格。我们可以理

解的是，当权威带给她十足的权力感时，她就失去了弹性。
而当她在亲密关系中，选择披上一层权威的外衣时，她不准
先生唱反调，也希望自己的好被接受，但当她一这样做，反
而离先生愈远。

她不但无法面对被拒绝的羞愧，更无法面对害怕失败的
自己。

一刻都不得松懈的她

当先生拒绝她，她内心里的恶梦就产生了，"你看他这
种态度，证明我是不值得获得幸福的"，而当她这么一想，
内心里的权威感又化身成警铃，对自己说："就算你再害怕
都不能被看穿，知道吗？一旦被看穿，就更没有人要你了！"
而当她感到疲惫，心里的声音又告诉她："你不能休息，你
要警觉着谁还会来伤害你。""你不能懒散，不然你的生活
会垮掉。"

这些声音充斥着她的生活，帮她克服生活中的波澜，却
也带给她极大的压力。她的心里不是没有挣扎，只可惜她更
害怕坠入童年的痛苦里。

当我们觉得她实在有些压迫与不近人情时，我们必须先
理解，其实每个强势的人都渴望着强烈的亲密。她愈强势，

愈是想掩盖内心最深的脆弱与无助，以及对爱的渴求。

　　她因为童年的境遇，而觉得必须全面操控自己的人生，她也以这样的方式对待另一半，但另一半毕竟与公司的同事不同，公司的同事或许不得不听命于她，但另一半希望的往往是更多的尊重与平等的沟通。

摆脱父母婚姻关系的练习：

　　在重要的关系中，你生活中最常出现的角色是哪些？请你依照不同的角色，在下方的表格中，写下三个以上的形容词，并且参照以下的角色提醒，写出你生活中最常出现的角色。

　　例如：

　　强势的（我是对的），

　　指责的（是你的错），

　　无所谓的（那又如何），

　　权威的（我总是知道），

　　受害的（我是被牺牲的），

　　自卑的（我是不重要的），

　　自信的（我认可我自己），

爱自己的（不管怎样，我都爱自己）。

朋友	好朋友	家人	姻亲	宠物	其他

这些角色各占你生活多少比重？请在下方的图中画下来。

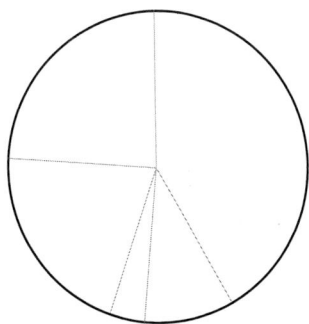

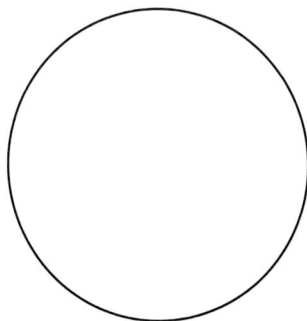

什么角色占你的生活最多？

_____。

这个角色是怎么发展出来的？

_____。

这个角色背后的痛处是什么？

_____。

你对自己的新发现如何看？

_____。

　　记得，就算没有人懂你为什么决定将这些角色加入生活中，或者为什么要这样分配生活，你都要先理解自己的这些作为。

　　唯有理解，才能贴近自己的内心，也才能"爱自己"。因为，"爱自己"没有任何人可以替你完成，唯有"爱自己"，才能愈来愈靠近你想过的生活。

　　童年时，因为对父母的爱的不足或缺憾，反而成为一个人工作上的一大助力，让他在职场的表现可圈可点，或许长大了的他，能试着不埋怨父母，因为我们都承接了父母所给予我们的种种特质。我们可以做的是去厘清我们身上的哪些特质，我们想留下，而哪些特质，我们想丢弃。

十七、罪恶感型

先生都站在婆婆那一边

顶替爸爸的位子，是他在爸爸过世后，照顾妈妈的方式，

也是他对爸爸唯一的纪念和连结。

"你妈妈的洁癖太严重了，只要有一点点脏，她就念个

不停，我实在受不了了！"

这不是她第一次抱怨婆婆，但先生这一次却很严肃地对

她说："你就不能多多体谅我妈一些吗？她一个人把我带大，

很辛苦。"

"我知道她很辛苦，我也知道你很孝顺。但是，这是我们的婚姻，你为什么总是牺牲我呢？"

小学五年级时，他的爸爸过世，从那一刻起，在家中排行老大的他，就开始学会照顾弟妹及妈妈，甚至当他在学校不够乖，被老师写在联络簿上时，他会有很深的罪恶感，下意识地想着："都是我，又让妈妈伤心。"

在爸爸过世后，妈妈变得很爱收拾东西，也很勤于打扫家里，彷佛家里容不得一点点脏。妈妈总是很坚强地告诉他们，即使爸爸不在，她也会好好照顾他们，什么都不需要担心，但他却常常看到妈妈背着他们偷偷掉眼泪。那时，他就在心里告诉自己，只要他长大，就不会再让妈妈掉泪。

妈妈辛苦带大他是事实，他没说错，但他也爱着太太，这该怎么办？

心理咨询师这样说：

在一个家庭里，如果父亲过世，往往就由母亲一肩承担起家计和管教孩子的责任。而在这样家庭结构里的男孩子，很容易就取代了父亲的角色。上述例子里的他，就将自己失去父亲的难受摆在一边，独自承担起母亲的伤心。

对他来说，在心理位阶上，他已经跟母亲结了婚。他不准自己像个孩子、不准自己有怨言、不准自己难受，当然更不准任何人埋怨母亲。

在此同时，他迅速将自己拉拔长大。于是，他也希望太太也无所作为，任妈妈予取予求，因为他当年就是这样让自己快速长大。

也许，顶替爸爸的位子，是他在爸爸过世之后，照顾妈妈的方式，也是他对爸爸唯一的纪念和连结。但他也别忘了，自己现在还有"丈夫"的身份，他对太太也是有责任的。

摆脱父母婚姻关系的练习：

步骤一：在你的家庭中，曾经有什么样的遗憾经验？

例如，爸爸、妈妈长年不在你身边，你们聚少离多；爸爸、妈妈其中一人生重病，而另一人需要照顾对方，所以你从小就学会打理自己的生活；父母离异或自己是私生子……

———————————————————————————

————————————————————————— 。

步骤二：想一想，你怎么面对这些遗憾？例如，从那时候开始，我就不喜欢长大的感觉、我就不准自己快乐、我要以别人的事情为重……

从那时候开始，我决定要————————————

（当年的人生信念）。

从那时候开始，我决定要————————————

（当年的人生信念）。

从那时候开始，我决定要————————————

（当年的人生信念）。

步骤三：请你面对这些决定，并重新想想现在____岁的自己，和当年____岁的自己有何不同。例如，组织了自己的家庭、有过几段恋情、对于人生感到茫然……

请写下十项以上与当年的不同之处。

————、————、————、————、

————、————、————、————、

————、————。

请以第三者的视角，看看以上的不同之处，是否有机会重新做决定？

建议可以改变如下：＿＿＿＿＿＿＿＿＿＿＿＿＿

＿＿＿＿＿＿＿＿＿＿＿＿＿＿＿＿＿＿＿＿＿＿。

在我们小的时候，家庭的某些变故，常常会带给我们决定人生的一些信念，或者我们会认为人生就是如何如何，我们应该要如何如何等等。这些信念明显影响着我们的生活与生命，但我们忘记了，信念其实是需要随时空调整的。

因为信念一僵化，我们往往会以为自己没得选择，所以请好好静下心来思考，你会发现，虽然有时原生家庭的包袱很沉重，也让我们在其中受伤、痛苦，或感到孤单与绝望，但现在已经长大的你，是有能力回头省视，而且拥抱住童年伤痛的自己。你有能力，也有力量给自己爱，并走出新的路。

十八、上紧发条型

每天生活都像打仗

她的人生，没有"放轻松"三个字，
但当她看到先生一派轻松时，她却渴望与羡慕。

"真没想到，我们的婚姻会走到今天这一步啊。"她颤抖着在离婚协议书上签下自己的名字，她的声音无法掩饰哀伤。

原本自信高傲的她，从没想过自己会在婚姻里跌如此重重的一跤。

不过，这些哀伤，对于她先生来说，却是只感受到终于解脱般的如释重负。

其实，他们也曾经谈论过，为什么明明是相爱的彼此，在婚姻路上却走得如此辛苦。先生认为是她凡事太过紧绷，没有弹性，绝对理性。这些都像炸弹般，一步步引爆他们的婚姻。

从小到大，对她来说，她最在乎与重视的是"她的人生绝对不能有失误"，读书、工作，她总是出类拔萃，赢得无数的掌声。但在这些掌声背后，却是最深的遗憾。

小学五年级时，她父母离婚。最疼爱她的爸爸没跟她说一声再见就离开家。顿失依靠的她，还得打起精神，照顾伤心不已的母亲。

在那些日子里，她不但要应付功课、应付生活，还要应付母亲对生活的无望，以及对父亲的怨言。母亲无止境的发泄，对当年小小年纪的她来说，实在太沉重。

从那时候起，她就希望自己成为一个理性的人，而她的人生，也绝对不要再有意外和失控。于是，她选择了一个对她来说"成熟稳当"，与当年父亲不同的男人结婚，但却没想到……

心理咨询师这样说：

每一个离婚的家庭，都各有不同的样貌，但都会对孩子的心理带来非常深远的影响。

父母离婚，孩子可能产生的情绪

当孩子面对"爸爸（妈妈）去哪里了？"这类的话题，如果父母没好好与孩子沟通，孩子在内心里又无法解除这个疑惑，可能就会有以下几种情绪：

1. 自责：是不是我做错了什么？

2. 悲伤：他们是不是不要我了？

3. 生气：为什么我要被迫接受这样的结果？

4. 遗憾：我都还来不及跟他（她）说……

如果孩子在心里累积这些心情到某个程度，无法消化，就可能会变成孩子心中某个重大的决定。

当然，大人也不应该对孩子说：你妈妈不爱你了，或你爸爸不要你了，这种充满伤害性的言语。

人生是拉到最紧绷的橡皮筋

以上述的例子来说，对她而言，看着父母的争执和失败的婚姻，她就决定从此不要脆弱、伤心与眼泪，她要坚强、独立。她也不要受任何事情与任何人的影响，只有她，能决定自己的感受。她就像是拉到最紧绷的橡皮筋，不放过自己，也不放过别人。

在她的人生中，没有"放轻松"这三个字，但吊诡的是，当她看到先生的一派轻松时，她的心底深处是渴望，是向往，是羡慕。

摆脱父母婚姻关系的练习：

我们每个人都会在家庭中遭遇到很多事，例如：疼爱我们的长辈过世、父母有外遇对象、父母离异或是家道中落等等，这些事都可能让我们对生活有了一些"决定"。

这些决定是什么？你的生活又如何被这些决定影响？

步骤一：请回想，并依照直觉，记录下你人生中起伏的时刻，并在下一页的右图中画下来（上述例子的她，即为下一页的左图）。

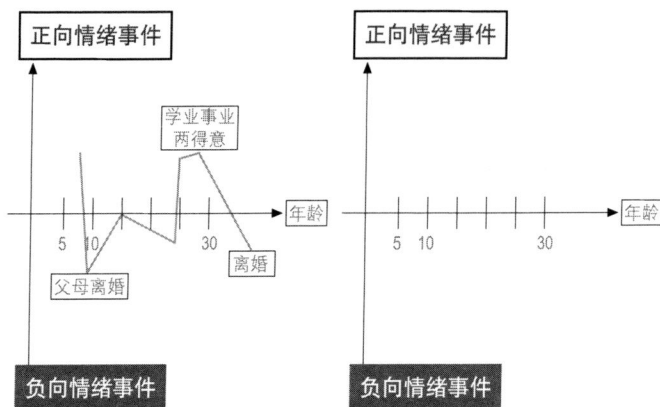

步骤二：请将经历这些事件后，你所做的人生决定写下来。

例如：因为父母离异，所以决定要好好管控自己的人生，别再生变量，从此很理性、紧绷地过日子。

1._____：我决定_____

_____。

2._____：我决定_____

_____。

3._____：我决定_____

_____。

4._____：我决定_____

_____。

步骤三：请检视这些决定，是否符合现在你的需求，有哪些可以修正。

我今年____岁了，我打算保留以上第_____项，删除_____，并增加……

1._____：我决定_____

_____。

2._____：我决定_____

_____。

3._____：我决定_____

_____。

我们无法选择自己的父母，也无法改变过去我们跟他们的关系，但是我们可以做的，是去修复过去的伤口，并且回头爱自己。当我们能爱自己，也才有能力爱别人。

十九、自怜型

我真命苦，嫁给这种人

他们要怎么捧着这份破坏的信任，

重新一片一片修补回来？

　　这对夫妻来咨询时，她像泄了气的皮球，但说起话来却忿忿不平。

　　"我怎么这么可怜，嫁给他这个没用的人，我的命好差……"当她这么说，先生的头愈来愈低，甚至埋到抱枕里了。

我问先生："你太太说她因为嫁给你命变差了，怎么了吗？"

先生不发一语，太太看先生没反应，急得跳脚，连忙说："敢做不敢当，你自己跟心理师说啊！"

好不容易，先生终于慢慢吐出一句："她讲得都对！都让她讲就好了……"

原来，他和太太结婚第五年时有了外遇，对象是他的初恋女友。太太表示自己从头到尾都只是被摆在第二位，因为先生一直割舍不下她。

期望守住婚姻的太太，千方百计想让先生放弃这段感情，但是早在他们交往到结婚的这十几年里，太太就已经面对这样的窘境好几次了。

她无法理解，为什么一向温吞、心软的先生会这样对她，这样一而再、再而三地出轨。

她流着眼泪说自己为了唤回先生的心，还去整容，但如今她只感到自己没有任何价值。

她来自一个经济困顿的家庭。身为大姊的她，除了要打工、帮忙家里外，父母也常因为金钱争执不休，甚至妈妈还为此离家出走了好几次。

长大后，她非常渴望幸福眷顾自己，她不要让自己的婚姻再度落入父母为钱争吵的模式。

她的先生明明孝顺、温柔又负责任，但为什么就是无法放下初恋女友呢？

心理咨询师这样说：

"80后全国婚姻外遇现况调查报告"指出，"国内高达四分之一的已婚者担心另一半外遇"。

如果在现任关系中找不到亲密的连结，就容易过度理想化前任伴侣或其他对象，这在婚姻关系中并不少见。

她的担心其实是有道理的，他们的关系在婚前几次伤痕累累中，已让她将希望完全投注在婚姻的契约里，没想到仍然屡屡失望。再加上童年的成长经历和长大后的恋爱经验，都让她觉得自己不被重视，永远被放在次要，她找不到自己的价值在哪里，她怎能不自怜。

然而，当她愈是焦虑，愈是想紧紧抓住先生时，先生却愈想逃避，愈不敢响应。虽然先生一再保证，从此不再犯，但他的肢体语言却又显露出隐约的不满，这不但更造成她的不安，也让她无法相信先生。

愈是想隐瞒对对方的不满，冲突机会愈高

美国俄勒冈大学曾经对"婚姻不幸福的夫妻"进行一项"欺骗摄影机"的研究计划。他们邀请了一些在婚姻中时常有冲突，或感受到婚姻压力的夫妻进行研究。研究计划的内容为：他们通知这些夫妻将获得一笔巨款，然后在一旁观察的研究者以文字，加上录像，来记录这些夫妻的互动与反应。

当研究者只看这些文字记录的时候，会认为这些夫妻充满尊重和爱意，但如果看录像带，就会发现他们的语气和表情，在讲那些幸福话语时，其实言不由衷。虽然他们嘴巴上说"都听你的""你说了算"，但表情却泄漏出不满及敌意。

当一对夫妻处于高压的情境时，常会想隐瞒自己的敌意，但通常他们都能感受到彼此的不满，于是更加深冲突或冷战的发生。

修复自己内心的伤口

伴侣间的口语和非口语伤害，其实无所不在，但最根本的是，对她来说，这份信任早已破坏。他们要怎么捧着这份破坏的信任，重新一片一片修补回来？

对她来说，无论是选择离开先生，还是留下，她需要去正视、面对与处理的是她童年时候关于爱的缺憾。不断紧紧抓住摇摇欲坠的婚姻，并不能真的让她幸福。唯有去修复自己内心的伤口，她才有机会拥有长久渴望的幸福。

摆脱父母婚姻关系的练习：

根据德州大学的一项指标性研究指出，婚姻失败的原因不在于争吵的次数增加，而是在于爱意和深情的互动愈来愈少。

情绪取向治疗大师苏珊·强森（Sue Johnson）也指出，"缺乏情感互动"比争吵的频率更能预测出婚姻经过五年后的稳固程度。婚姻的终结始于热情的亲密互动变少，"争吵得多严重、强度有多强"已经是后来发生的事情了。

请检测你和伴侣的关系，请将符合你们现在关系的写"○"，不符合的写"X"。

1.（　）我们之间很少肢体接触。

2.（　）我常不晓得他到底要什么。

3.（　）我害怕和他上床。

4.（　）我和他的交谈常只有生活上的琐事。

5.（　）我和他争吵，但不太会去了解背后的原因。

6．（ ）我们之间很少会分享彼此的心情。

7．（ ）我要防着他，以免他来干涉我要做的事。

8．（ ）我和他之间很多事情都只是责任和义务。

9．（ ）我有时候会不能确定他的心意是什么。

10．（ ）我们之间有冲突，常常会有其中一方感到委屈。

11．（ ）我和他沟通时，常常要把话吞回去。

12．（ ）我和他之间常有说不开的埋怨。

13．（ ）当另一半不在身边的时候，我会觉得松一口气。

14．（ ）当我们有争执的时候，我就想把感觉关起来。

15．（ ）我不觉得我们之间的地位是平等的。

若有 7 题以上是"○"，代表你们的情感存折愈来愈薄，那么就需要增加彼此的爱意和理解，才能为这份关系加温。

你也可以请另一半测试，了解他对于你们目前关系的感受，或聊一聊对于彼此的关系，你们在意的重点是哪些? 该怎么做会比较好?

你最在意的是 ＿＿＿＿＿＿＿＿＿＿＿＿＿＿＿

＿＿＿＿＿＿＿＿＿＿＿＿＿＿。

你的另一半在意的是＿＿＿＿＿＿＿＿＿＿＿＿＿

＿＿＿＿＿＿＿＿＿＿。

你们要怎么做? ＿＿＿＿＿＿＿＿＿＿＿＿＿＿＿

＿＿＿＿＿＿＿＿。

二十、疏离型

孩子明明还很小，太太就实施铁血教育

当先生指责太太的教养方式时，

先生其实是焦虑孩子会不会觉得自己不被爱、或被爱不够。

　　"孩子才读初中，你就要他自己每天洗衣、拖地、洗碗，是不是太夸张了啊？"晚饭后，她叫孩子洗碗，先生忍不住发难。

　　"这时候不训练，什么时候要训练？他未来迟早都要靠自己啊！"

"可是，你从他读小学二年级就不接送，小学三年级开始就训练他自己搭高铁往返台北与高雄，参加夏令营，这也太过火了吧？"先生有点恼怒，她却听不进去。

"我还是认为很多事，他应该要自己解决，总不能一直靠我们吧？"

他们已经不止一次为孩子的教养方式争执，其实先生也觉得太太的话不是完全没道理，毕竟在高度竞争的现在，提早让孩子独立，并没什么不好。只是当他看着孩子时，心里忍不住想，孩子会不会觉得他们根本不爱他。

她从小在一个家人关系疏离的环境中长大。父母每天为了三餐奔波，根本无暇照顾她，虽然她的课业表现很突出，但每次拿到好成绩或奖状，父母也没有特别的反应，因此她很早就学会照顾自己。她觉得凡事只能靠自己，也只有靠自己最稳固与牢靠。

她一直觉得全世界的家庭应该都跟她家没什么不同，直到她遇上先生。

她先生的家人之间关系非常紧密，而在他们刚结婚时，两人的相处并没有什么问题，一直到后来生下儿子，太太对于训练儿子的坚持，让他们之间冲突不断……

心理咨询师这样说：

很明显，她是来于疏离型家庭的孩子。疏离型家庭最典型的是，家庭成员间彼此的连结性不高，通常家庭能给予彼此支持较少，但阻碍和困顿也相对较少。

当先生指责，他的心里其实是焦虑

根据研究，"疏离型家庭的孩子"很容易与"过度紧密型的家庭成员"互相吸引。对他们来说，紧密家庭可以彼此提供支持，是他们过去所不曾拥有，但内心相当渴望的。

而对于紧密型家庭的孩子来说，家庭成员间彼此的互相依赖，伴随而来的亲近感和罪恶感有时也较高，所以他们有时会羡慕"疏离型家庭的孩子"，所以当疏离型和紧密型家庭的孩子相恋、结婚，就容易形成互补型的夫妻模式。

以上述个案为例，当先生看到太太这样教养儿子，他的生气与指责，背后其实是着急与焦虑。他着急与焦虑孩子会不会觉得自己不被爱，或被爱不够；而太太则是觉得先生在阻碍孩子独立，让孩子没有竞争力。他们的出发点，当然也都是受各自的原生家庭所影响。

教养孩子，夫妻必须先有共识

彼此成长的方式不同，所认为的教养方式也不同，他们各自都忙着想把自己成长过程的成功模式套在孩子身上。但教养孩子，父母必须先有一定的共识，这份共识来自于彼此的沟通，以及了解彼此都是为了孩子好的心意。

另外，太太可以选择去修补自己童年时对于爱的缺乏，而非无止境地要求或训练孩子，因为必须先有爱，才能教。孩子得先感受到你的爱，也才能体会父母为他好的那份心意。

摆脱父母婚姻关系的练习：

你的原生家庭家人之间的互动是紧密，还是疏离？邀请你的另一半，共同勾选以下的题目。

你　伴侣

□　□　我们家人之间常保持联络。

□　□　家人出游，我会开心参与，但如果无法参与，也不会勉强自己。

□ □ 家人的事，我会关心，也会一起协助解决。

□ □ 我会主动打电话给爸妈。爸妈对我的叮咛，我会感到温暖，而不会觉得压力很大。

□ □ 我们家人之间可以直接沟通，不需要第三人传话。

□ □ 我们家人之间，无论什么事，都可以直接分享。

□ □ 如果没有回家，家人会体谅我的状况，不需要特别找理由。

□ □ 我说话会考虑家人的感受，不让家人受伤。

□ □ 我说话可以直接表达，不需要用比喻或影射。

□ □ 我可以在家里自在表达。

□ □ 我会关心、顾虑家人的需求与反应。

以上的问题是关于你和家人之间的互动关系，你可以在勾选自己的答案之后，将答案盖起来，再请另一半勾选他和家人的互动。

这份练习，可以让你们了解彼此原生家庭的不同处或相同处，以及如何因此影响到你们之间的关系，你们也才有机会营造出更良好的相处。

来自于疏离型家庭的孩子，他们通常对于爱是陌生的，因为他们过去关于爱与被爱的经验太少，所以他们有可能不懂得爱，也不懂得付出。但付出爱，可以学习与练习。

二十一、永远不够好型

先生不断严格要求学琴的孩子

当他看见儿子没能晋级，他就感到十分挫败，

因为他将孩子的表现视为自己的表现。

"你的钢琴级数一直没办法晋级，是你天赋不好？还是练习不够？"先生在书房不断叨念四年级的孩子。

太太看到这样的情景，忍不住说："我觉得练琴是练练兴趣就好，为什么一定要每天练习，弄得像学校课程一样？

这样兴趣通通都被你磨掉了。"

"练兴趣？花了那么多钱也学不好。看看我们当年，连学都没机会。他现在有机会学，还不惜福？"他带点怒气地回击。

太太终于忍不住了，"为什么每次一讲到孩子的补习，你的反应就这么大，都没办法好好沟通？"

小时候的他，对许多事情都有兴趣，但因为家境困顿，没机会学。他念专科那一年，父亲过世，他只好半工半读完成学业。

他永远记得母亲来参加毕业典礼那天，一脸愧疚地对他说："是我没能力，辜负你的才华，也让你吃苦了。未来进入社会，就靠你自己了。"从此，他将母亲的这份叮咛，牢牢铭刻在心里。他不但创立公司，在婚后，更一心想好好栽培儿女。

但没想到，他所看到的，全是孩子的"不惜福"和"不努力"。

心理咨询师这样说：

夫妻对于小孩是否上才艺班，以及小孩上了才艺班之后，应该如何表现，可能每个人的想法都不同。很多人会认为这是关于孩子管教价值观的问题，但其实"才艺班"只是问题的表征。

孩子的表现等于父母的表现？

父母在下意识中，往往会投注自己的意念和情绪到孩子身上。当他看见儿子没能在钢琴上晋级，他心里就感到十分挫败，因为他将孩子的表现视为自己的表现，难怪他常常会把"假如我是他，我早就……"挂在嘴边。

表面上，他是对孩子的表现感到失望，但其实是对自己感到自责和挫败，可是他浑然不知。

也因为想到自己的伤口和空缺，所以他更难真正看清楚孩子的处境。这对孩子来说，收到的往往也会是"我永远不够好"的拒绝讯息。

夫妻间战场延伸

这样拒绝的话语和讯息，不但儿子感觉得到，其实太太也感觉得到。太太一方面心急，一方面也不了解先生为什么要这么激动。于是，他们的战场从孩子的才艺班、双方的价值观，延伸到"原来，我并不了解你"。

他过往生命的遗憾，现在显然仍然绑缚着他，甚至这些焦虑和遗憾不但绊住他自己，也绊住他和太太的关系。

矛盾的是，他一心希望好好栽培儿女，却因此无法接受孩子的真实面貌。他只看见孩子的不够优秀，却看不到孩子更需要他的爱，就像童年的他一样。

摆脱父母婚姻关系的练习：

当我们成为父母的时候，我们会回想自己在原生家庭中，承袭了父母什么特质。

请你对父母做一次轻松的"家庭访问"，问问爸妈是怎么长大的。

爸　爸：＿＿＿＿＿＿＿＿＿＿＿＿＿＿＿＿

＿＿＿＿＿＿＿＿＿＿＿＿＿＿＿＿＿＿。

妈 妈： _____

_____。

例如：爸爸说，我是家中长子，从小爸妈就期待我能当弟弟、妹妹的模范与榜样。所以，身为长女的你，也要把自己的分内事做好，不要让我们操心。

再例如：妈妈说，从小我们家就穷，为了赚钱，你外婆还要四处去打零工，所以你要节俭一些，不要太会花钱，赚钱很辛苦啊。

访问后，你会发现爸妈对你的教养方式，大多来自他们自身经验所形成的价值观、信念，以及决定。

而他们觉得"一定要怎么样，才是好的"的这些信念和决定，其实也和他们一次次的挫败经验，或生命里的遗憾与欠缺有极大的关系。

如今成为爸妈的你，同样也在你成长的过程中，会拥有自己的遗憾与欠缺。请在教养孩子时，别让这样的遗憾与欠缺捆绑住你自己。

只要愿意细心觉察，并耐心提醒自己，我们就能以更开放的教养观，陪伴孩子长大。

二十二、置身事外型

连太太哭，他都没感觉

在付出感情时，他其实很心慌，
他甚至觉得自己永远会被丢下。

　　"我太太实在是很不理性，每次遇到困难就跟我抱怨，
不然就哭个不停。家是拿来取暖的，哭哭啼啼是没用的。"
面对太太的哭泣，他显得完全无动于衷。

　　"你看，他就是这样，即便看见我哭，也从来不动声色。

是我疯了吗？还是他太冷血？"

　　他们是找我协谈的一对夫妻。先生一开始就抱怨太太，而太太也不甘示弱地反击。

　　先生是一名富商的私生子。从小，当他问妈妈："为什么我没有爸爸？"时，妈妈就会撇过头或转移话题。

　　他第一次见到爸爸是在一家高档餐厅里。见到这个年迈的男人，他感到很开心，因为他终于有爸爸了。但当他凑上前去，向爸爸讨抱抱而被爸爸抱着时，心里却感到陌生。

　　他一方面在心里渴求爸爸能多陪陪他和妈妈，但另一方面，他却也明白爸爸并不属于他们家，不是他们家中的成员。他对于爸爸为什么不能给他们一个完整的家感到愤怒，却又对于自己和妈妈不得不依靠爸爸的金钱生活感到无奈。

　　在这样的成长过程中，他常常感受到妈妈情绪的低落，和爸爸常常无法实现的诺言。在内心深处，他告诉自己，要做好爱情上的风险控管，他也要求自己要理性。但是，在付出感情时，他其实很心慌，甚至不相信自己在感情上，是能给得起诺言的人，或者不会成为被丢下的那个人。

　　他很难想象在亲密关系中，如果没有了权势，他还值得被爱吗？他甚至不敢想，摘除那些显赫的头衔之后，他还会剩下什么？

心理咨询师这样说：

对他来说，他无法明确整合出自己对于父亲的想法，究竟父亲对于母亲在这段感情里，是"好"还是"坏"？父亲虽然给了母亲一般家庭给不起的富裕生活，但是却没办法常常陪伴在他们母子身旁。这样的空洞，让他不知如何定调父亲的角色。

他心里的"不满意的父亲"

为了生存，在心里，他努力将父亲的好形象维持住，也努力承袭父亲的能力，没有因为家里的经济优渥而成为纨绔子弟。但另一方面，他也将那个"他不满意的父亲"禁足在心里的某个角落，这也是他在谈恋爱或婚姻关系中，最害怕会冒出来的那个没自信的自己。

他用许多条件伪装，伪装成充满信心的样子。表面上看来，他是极为社会化，聪明又有能力的男人，但在心理层面，他却很害怕被看穿这块空缺及脆弱。

摆脱父母婚姻关系的练习：

步骤一：想想你的父母，或从小主要照顾你的人，请各给他们五至十个形容词。

父 亲：_____、_____、_____、_____、__

_____、_____。

母 亲：_____、_____、_____、_____、__

_____、_____。

步骤二：这些形容词大多是正向还是负向呢？请在正向的旁边写个"＋"，负向的旁边写个"－"。大部分你写上"＋"的那一方，通常是你比较认同的那一方；写"－"较多的那一方，通常是你比较不认同的的。

步骤三：请圈选出上述的词语中，你会拿来形容自己的词语。

无论正向和负向，请在圈选之外，写满二十个正、负向形容自己的词语。例如：贪心、爱现、识相、可爱、体贴等。

_____

_____。

这二十个词语中，别人会怎么看待，可以找你的朋友一起圈选、讨论。

美国社会心理学家乔瑟夫·勒夫（Joseph Luft）和哈里·英格拉姆（Harry Ingham）在1955年提出"周哈里窗"（Johari Window）理论，意思是可以将别人所认识的你，以及你的自我认识做区别。

首先，依据他人及自己为横轴、已知和未知为纵轴，分成：公开我、盲目我、隐藏我和未知我。

通常一个人的黑暗面，常常在隐藏我和未知我中被解读。黑暗面并不代表不好，这些特质都是你的一部分，都是来自你过往的生命经历，如实地去了解，甚至进一步去接纳，我们会过得更自在。

在阳光面及黑暗面之外，请诚实地面对自己，好好整合这些光明面和黑暗面，让这些属于你的特质，都有个家可以回。当它们都有家可回时，你也才有机会超脱，重新为自己的人生做决定。

二十三、夸海口型

先生爱吹牛，全为取悦童年时的母亲

当他承诺时，他可以讨好到母亲，

他可以看到母亲相信他、冀望他的神情。

"老公，你好棒棒，连隔壁的大婶要借款，你也能提供数据。"她忍不住叨念起先生。

"助人为快乐之本，更何况你老公是谁，有什么是我不知道的。"先生竟然反倒自豪起来。

父母婚姻

她叨念先生是有原因的。还记得结婚前，先生对她说："你放心好了，你一定是那个最幸福的女人！"

她一听，心都被融化了，认为嫁给他是老天爷的最佳安排。

但婚后，她却觉得先生说的话都要打折扣，于是，每次看见先生吹捧自己时，她就想戳破他，希望他多多面对现实，可是一看到先生遇到挫折，像只垂头丧气的公鸡时，她又心软了起来……

原来，他有位过度负责的母亲，以及不肯外出工作的失败父亲。他从小看见母亲的苦，他决定"不能让父母失望"，所以，不管遇到什么困难，他都不想让母亲知道。

但事实却是，他承诺了，却也做不到，不过，最重要的是当他承诺时，他可以看到母亲开心的笑容，他可以讨好到母亲，他可以看到母亲相信他、冀望他的神情。

这个神情，可以让母亲快乐上好几天。所以，他就更不能接受自己的失败、自己的不行。

只可惜，他常常开了支票，却无法如期兑现。于是，他的成就感只能往外寻找，例如修理邻居的窗户、漏水等等，但他却无法修补自己的夫妻关系。

心理咨询师这样说：

当一个人常常夸海口，我们必须先了解他的夸海口会为他带来什么样的好处和代价。

当一个人夸海口，他可以感受到"对方觉得你好重要""你很值得依靠""你是那一个最挺我的人"，这些是他可能的好处；而坏处是可能在戳破这些谎言的瞬间，他什么都不是，甚至是信任的关系一步步被破坏。

从"糖果屋"变成"猛鬼屋"

上述案例里的先生正处于这种处境。他所创造出来的"糖果屋"，会在太太的失望之下变成"猛鬼屋"。但因为他太爱面子了，所以当太太提出质疑的时候，他又选择在里面闹脾气、哭泣。

这些都让他更加无法实现自己的承诺，也造成太太更害怕。

当他被"你觉得我够好"这个信念绑架的时候，他往往过度应付和迎合别人，而某种程度也牺牲了自己的诚信，牺牲了自己的需求，去获得别人的赞赏。当他看见别人欣赏或感激的眼神，他又被增强一次，于是选择更加迎合对方。

想证明"自己很有用"

其实，他心里对这个世界是不信任的，他总觉得"如果我不这么说，你不会看见我"，"我不相信你会无条件爱我"，所以我需要一直证明、一直证明，直到你觉得我够好。

但是，这种沉浸于"一定要别人觉得你很不错"的心态，本来是可以拿来设定成目标，并且增加自己改变的动机，可是在一个人过度希望被赞赏的情境下，就不容易踏踏实实地去达成。

也就是，他已经被这种"我牺牲没关系，我需要你的回报"所影响。当他获得回报，似乎又获得"你记得我的好"的一种担保。虽然也知道这样的担保若即若离，但至少在那个时候很巨大，巨大到彷佛能代表全世界的认可。

所以，他们很需要被这样的认可喂养着，也就更加期望能够"多付出"，即便被牺牲都无妨。

他们的自我价值建立在"过度迎合"上，并且不断想证明"自己很有用"。

摆脱父母婚姻关系的练习：

请为我们心里过度迎合别人的那个部分，默祷一段有力量的祝祷文。

给过度迎合别人的你，祝祷文：

"亲爱的小孩，你可以不需要牺牲你自己，来完成别人的愿望。你是你，你是独一无二的你，不要因为谁，徘徊在是否要掏空自己的十字路口。记得，你是你，你最该好好照顾、最该好好顾虑的人，就是你自己。不要犹疑，不要彷徨，你为自己考虑、设想并不是错的。当你觉得'这样真的好吗？'的时候，请记得，跟自己说：'没有关系，没有关系'，就请依照你内心的想法去做，好吗？

"将你要对别人好的那一些，请多拿一些回来对自己；将你要为别人设想的那一些，多为自己设想一点；将你要带给别人的开心惬意，请多留给自己一些。另外，也要想想自己什么时候会开心，什么时候会满足，请多留给自己更多这样的时刻。

"记得，你不需要过度扩张自己，才能让别人看见；也记得，你不需要迎合每个人，而让自己受委屈。然后，多给自己一点勇气，不要高看自己，更别小看自己，只要踏踏实实地跨出每一步。更要相信这个世界，不会因为你没做什么而遗弃你。你是值得被爱的。"

二十四、情绪型

总是不愿带你去见他父母

他不准自己情绪化时，

也将"有情绪"这件事情视为不可理喻。

电影散场后，她一边吃着爆米花，一边问她男朋友："为什么你都不带我去见你爸妈？而我们每次约会，都要偷偷摸摸？"

原本男朋友放松、愉悦的表情，突然沉了下来，"就跟你说改天嘛！有需要这么快吗？"

她听得出来，男友的语气变得防卫且谨慎。

"我们都交往六年了，是我不够好？还是你爸妈根本反对我们在一起？"她鼓起勇气说出心里话。

没想到，这些话触碰到他最敏感的那条神经。他不再说话，也不再回应。

他们两人交往了六年，每当她提到要去见他的父母，他总是转移话题，或干脆生闷气，一句话都不愿意讲，甚至还反过来指责她。

原来他来自一个父母都很情绪化的家庭。从小，他就常常不自觉地被卷入父母的纷争中。等他长大一点，他曾经想过要从中协调，或者让父母学着理性、客观地看待事情，但都没发挥任何作用。

每当他看见爸妈愈不讲理，他的内心里就愈加决定要活得理性。于是，当爸妈看起来愈混乱，他就愈把自己隔绝在外。不知不觉中，他将"爸妈的情绪化反应"，当作自己家庭背景的耻辱。只是他也从来没想过，他常常对女友表现出的反反复复的态度，不也让他变得跟他父母一样？

心理咨询师这样说：

他目前的困境是有来由的。当我们还小的时候，我们就像一只"空的情绪容器"，里头装着父母的一言一行、一颦一笑、一怒一骂，也就是，父母就是我们情绪容器的内容物。

这个容器承载了父母的各种心情。在他们开心的时候，我们也跟着开心，当他们感到挫折的时候，我们也感到挫折和无助。这一个情绪容器，随着我们长大，开始有了自我的意识。在我们生气时，我们需要被了解我们在气什么，而当我们伤心时，我们需要安慰。

"紊乱型依附"的孩子

我们藉由父母对我们的回应，来了解我们在父母心中的位置。而在成长的过程中，我们通过不断与外界的人、事、物接触，对于每一个发生在我们身上的经验，开始有了了解，并从中获得意义，这是幼儿时期心智发展的重要过程。

但是因为他父母的态度是永远不可预知的，长久下来，他也无法相信父母能够陪伴他。

这类父母很容易养成"紊乱型依附"的孩子。因为当父母给予的反应是如此的不可预知，孩子对外界就更难取得安全感。于是，在孩子长大了，面对自己的亲密关系时，就会深藏许多令人摸不透的情绪地雷。

连结父母带给他的耻辱感

这也是他决定在亲密关系中，采取更多理性控制的原因。唯有如此，他才能隔绝这些无法消化的想法，以及那些无法排解的混乱感受。

他仰赖心中的理智之尺，用自己的方式存活，将父母隔绝在外。但当他不准自己情绪化时，也将"有情绪"这件事情视为不可理喻。而当身边一出现有情绪的人，他就连结到父母带给他的耻辱感，而和对方保持距离或拒绝沟通。

但是，我们都无法离群索居，每一个人都需要情感连结。更何况，一个人有情绪是正常的，完全地防堵与阻绝，其实很不健康，更无法与另一半自在地相处。

摆脱父母婚姻关系的练习：

他的状况是典型的依附问题。英国心理学家约翰·鲍比（John Bowlby）指出我们在早年与父母互动的过程，会依据照顾者的响应方式，产生几种依附的形态。

依附类型有四种：安全型、焦虑矛盾型、焦虑回避型、回避矛盾型（见下面表格）。心理学家认为孩子从小形成的人际模式，会直接影响到他长大后的恋爱态度，因为他们在恋爱时会采取小时候原始的互动方式来对待他们的伴侣。

安全型	焦虑矛盾型
在陌生情境中 □重要的他人在身边：感到安全，可自在探索 □重要的他人不在时：感到焦虑，可能会哭泣 □重要的他人回来时：重新靠近并感到安全	在陌生情境中 □重要的他人在身边：感到焦虑 □重要的他人不在时：感到沮丧 □重要的他人回来时：想要抵抗及表达抗议
焦虑回避型	**回避矛盾型**
在陌生情境中 □重要的他人在身边：回避和忽视 □重要的他人不在时：不表现出情绪 □重要的他人回来时：没有特殊反应	在陌生情境中， □重要的他人在身边：没有固定的反应模式 □重要的他人不在时：没有固定的反应模式 □重要的他人回来时：没有固定的反应模式

于是，小孩子早年的依附形态，最主要是来自于主要照顾者的回应和态度。

例如，逃避型的孩子遇到的父母，可能是对他没耐心、对他的需求不敏感，或者拒绝与他有身体接触或情绪响应。紊乱型的孩子可能在早年受过惊吓，或遇到令人难以预期的照顾者。

我们在小时候，通过照顾者的响应，来理解部分的自己，也因此建立人和人之间的互动模式。

你和你的伴侣，各自是什么依附类型的人呢？

你：＿＿＿＿＿＿＿。伴侣：＿＿＿＿＿＿＿＿。

你们会怎么照顾和响应彼此的需求呢？＿＿＿＿＿＿＿

＿＿＿＿＿＿＿＿。

我们每个人都无法摒除原生家庭所带来的影响。如果在亲密关系中，让我们有机会去探究自己或另一半彼此可能的依附形态，或许借着这份了解，我们能找到更适合彼此的相处模式。当然，在亲密关系中，我们更可以保持觉察，不但去了解自己、修复自己，也能重新学习如何去正确地爱另一个人。

Part 3

在婚姻关系中，表面上看起来是和另一半相处，
但其实是不断重新经历自己过往与父母的关系

木头人型——

眨低型——

温吞型——

事事要管型——

没安全感型——

矮人一截型——

黏人型——

面面俱到型——

掌控型——

八卦型——

受害者型——

二十五、木头人型

为什么先生就是听不懂我的话呢

"发出企盼"和"回头攻击"的人，

同样都是脆弱的。

"老公，我今天去接小孩时，和佳华的妈妈聊了一下。她说接完小孩后，要赶着去做瑜伽，好好喔！"

正在看报纸的先生抬起头，看了一眼太太，说："很好啊！"然后低下头，继续看报纸。

从此，不再复制

父母婚姻

"唉呦，我的意思是说，瑜伽费是她老公付的，他好会
为她着想，真疼太太。"她明示、暗示着先生。

"这样很好啊，忙里偷闲，真不错。"

"你怎么这么像个木头人！你看人家老公还想得到她的
辛苦，直接帮她付钱，我在这边跟你说老半天，你却完全没
感觉，我怎么会嫁给你这种人啊？"

从小就活在父母安排中的她，一方面非常习惯被父母照
顾得很好，但另一方面，她却又很渴望能有自己的空间。当
她遇到他，一个从小在彰化乡下地方长大的大男孩，对她来
说，他的自由与无拘无束，完全吸引住她。

但随着结婚日子一久，某部分的她，却开始期待先生能
像父母一般，无微不至地照顾着她，而当先生不如她意时，
她失望又愤怒，忍不住说出了难听的话。但她更害怕的是，
会不会是先生已经不在乎她了，不爱她了，不然怎么会这么
无感。

心理咨询师这样说：

这对夫妻的争执，其中太太对先生那些冰冷、残酷的批评，某种程度都潜藏着害怕和着急。

太太的害怕和着急是"你怎么可以这么冷淡，你还在乎我吗？"太太一方面希望先生响应，但另一方面也懊恼"为何是你，对我有这么大的影响力？"太太想要不被先生影响，想要跟先生赌气，但到头来受伤和苦恼的却是自己。

夫妻之间，彼此影响很大

其实，夫妻之间的彼此影响是很大的，一个眼神、一声叹息，对方接收到的可能就是轻蔑和嫌弃，或者是爱意和亲近，这都依据着关系的好坏，而造成不同的影响。

情绪取向家族治疗大师苏珊·强森（Sue Johnson）认为："伴侣或婚姻关系不只是造成家庭问题的来源，同时是彼此疗愈的资源。"这也解释了为什么伴侣之间的举动对对方有这么大的影响力。

我想要成为你眼中唯一的那个人

我们常跟伴侣争执："我想要被你理解，那个人不是别人，只有你可以给。"我们不会对一个路人拉扯着，但我们可能会因为伴侣的一个反应，而转身将自己锁在房间一整天，还把电话开机，想要他先打来致歉。

婚姻关系就像是订了长期契约，彼此除了成为关系的共同体，还是金钱、房产、家庭大小事情分工的合伙人。这份关系多了层责任和分工，除了情感的基础，更像是某种投资，所以才更令人揪心。遇到问题，如果只有一方投入，另一方很冷淡，就会更让对方感到无力与气馁。

于是，当她希望先生也能像佳华爸爸一样，帮她负担瑜伽的费用时，先生却不太当一回事，这让太太觉得委屈与伤心，她开始怀念起小时候被父母疼惜与呵护的感觉，也觉得是不是先生变了，不爱她，所以才会都不在乎她的感受了。

摆脱父母婚姻关系的练习：

在你们的关系中，也有连锁效应吗？当你对他发出一个讯号是"我想要你听见我"，可是对方转移注意力，甚至说你太幼稚，你不应该在现在提出来。

你收到这样一个被拒绝的讯息，而引发你觉得"他已经变了，或者你已经不够有魅力了"等等的想法，这些都是连锁效应。

唯有我们对关系保持觉知，你才会知道这是属于过去未满足的伤，或是对未来的焦虑。在每个争执背后都有个渴望，你要厘清的是这个渴望究竟是什么。

当发现自己有情绪按钮被打开的时候，请先缓一缓，先思考自己说这些话背后的心理需求是什么，请试着勾选出来：

☐ 1. 我想要在他心里面是有分量的。

☐ 2. 我想要他能体贴我的辛劳，让他能够看见我的努力。

☐ 3. 我想要他看见我的需求，让我感受我仍是被珍惜的。

☐ 4. 我想要在他面前仍是有吸引力的。

☐ 5. 我希望我的好，他能持续看得到。

☐ 6. 我想要他也能考虑到我。

☐ 7. 我想要他能够像我爸妈一样对待我。

☐ 8. ……

想一想，你在乎的是哪些？这些心理需求背后都存在着一种脆弱、渴望靠近的心情。写下这些需求，想一想为什么希望对方做到，又或是，你可以提醒对方怎么做，例如给对方一点提示，让对方更容易做到。

除了说出自己的需求外，建议你换个位置思考，你也可以想想自己愿意做点什么，满足他的愿望和企盼，也跟他说说你心里的在意和对他的看重。

其实，"发出企盼"和"回头攻击"的人，同样是脆弱的。要不是彼此都介意，双方怎么会出现这么大的反弹；要不是都还想证明彼此的心意，不被小孩和琐事分散掉注意力，又怎会需要对方的响应。

所以，在夫妻关系中，不定期的觉察和增温，是维系两人感情的最好方式。

二十六、贬低型

太太动不动就闹自杀

他已经这么优秀，为什么家人还不满意？

他的价值，又为什么建立在家人对他的评价上？

　　"心理咨询师，你看看他，他真的很糟啊，就连我们坐在这边，他也一声不吭，是要逼死谁吗？"这句话一出口，咨询室的气温瞬间降到冰点。

　　"好吧，既然他在这里也不讲话，那我干脆死一死好了……"她一威胁，先生只回了一句："又来了！"此时太太的脸色铁青，怒不可遏。

他，三十五岁，是科技业工程师，工作稳定，收入不错。太太是牙医师，美丽亮眼。他当时想来寻求协助，是因为太太一直威胁要自杀。

他从小就是个听话的孩子，但却一直苦于被家族里的长辈不断比较，从功课、工作到收入，他觉得自己无处可逃。"现在的环境已经不比从前，我在科技业这样的收入，在我们家族里，是抬不起头的。"他苦笑着说。

原来，在商界与政界都意气风发，又拥有亮眼成就的父亲从小就对他冷嘲热讽，让他一直恐惧自己会失败。他不准自己不够优秀，不准自己成绩落后，就连考上第一志愿，他父亲也没肯定过他。好像不论多么厉害，父亲永远都不会对他满意，没想到结婚后，连他太太都这样觉得。

我心里感慨，他明明已经这么优秀，为什么家人还不满意？而他的生命价值，又为什么完全建立在家人对他的评价上？

心理咨询师这样说：

在本该成家立业的而立之年，他却像青少年一般，持续
和父亲纠葛，渴望着父亲的认同，而不可得。

在长不大的孩子背后，可能有各式各样的父母。对他来
说，他长不大，是因为有一个不断挑剔他的父亲，以及自卑、
讨好父亲的自己。

不断以优秀引起父亲的注意

他的自卑是有来由的，毕竟面对挑剔又自豪的父亲，要
超越他并不容易，所以，他从小的策略，就是不断以优秀引
起父亲的注意。如果不够，就再加码，看能否在父亲的心上
取得一席之地。

或许，他的父亲觉得他的表现不够好，又或许是父亲担
心一旦肯定他，他就会太骄傲。

美国心理学家拉普波特（Alan Rappoport）指出：自
恋型父母常觉得小孩是自己的延伸，认为子女就代表自己，
所以期望子女按照他们的方式过生活，如此一来，就能符合
父母在情感上的需求。

这种"唯自己独优"的自恋型父母，对应到自信心低落的儿女，在华人文化中并不少见。因为，父母期望孩子按照自己的期望前进，但却不能超越父母，这样的焦虑会让父母可能因为防卫，而更加否认孩子是独立的个体。

他们不轻易认可子女的焦虑，某种程度上是来自于如果他们觉得子女的表现已经够好了，那么，自己会不会被子女看扁，或者会不会被认为无能？

战场延伸到亲子关系

这种下意识的焦虑，让父母和子女在私底下较劲。对于一辈子想要讨好父母的子女来说，就变成一种折磨。他们在选择伴侣上，一方面希望自己选择了一个够强而有力的伴侣，将自己带离这样的家庭环境（或者更能让父母的眼光投注或认可）；但另一方面，却也将伴侣卷入这场纠葛中，不但转移自己原生家庭中的问题，还将战场延伸到夫妻关系或者亲子关系。

父母将他们对自己的看法投注到子女的身上，很难让子女发展出自主性，也许一个小小的冷嘲热讽，就会击垮子女的表现，但子女仍会前仆后继地寻求父母的认可。

这样的模式一再循环，父母藉由贬低子女来达到内在权威，或者孩子永远无法比得过父母这样的较劲心情，必须直到有一天子女也负起责任，把自己被认可的权利拿回来，才能停止。

面对这样的困境，身为孩子，我们所能做的是：

一、维护父母的外在位置和自尊心。

二、放掉被认可的期待。

三、记得自己已经是成年人。

四、记得这个认可，必须由你自己来给。

摆脱父母婚姻关系的练习：

步骤一：请回想你的父母最想传承给你的是什么，是期望你成为负责任的人？期望你会拥有真实的快乐？期望你出人头地？或期望你孝顺他们？

请设定三分钟，将你想到的尽可能写下来。

1.＿＿＿＿＿＿＿＿＿＿＿＿＿＿＿＿＿＿＿

＿＿＿＿＿＿＿＿＿＿＿＿＿。

2.＿＿＿＿＿＿＿＿＿＿＿＿＿＿＿＿＿＿＿

＿＿＿＿＿＿＿＿＿＿＿＿＿。

3. _____

_____。

4. _____

_____。

步骤二：面对着这些期望，请分辨哪一些是你选择主动去做，哪一些不适合你，而你感到被逼迫，甚至哪一些是你想还给父母的？感受一下，当你想还给父母的时候，你心里的感觉是什么？如果有不舒服的感觉，可能的原因是什么？

步骤三：如果是你，除了传承父母所给予的之外，有哪些是父母未曾给你，或者不见得同意，但你想在关系中创造的？

回到上述的例子，这对夫妻的问题在于先生太专注于想获得父亲的认同，即使他结了婚，依然将生活里的重心与目标，全放在追求自己的成就。同时，太太发展得很不错的事业，或许也让先生觉得自己真的完全不如人。于是，感受到长期被忽视、冷漠的太太才以最尖锐的自杀，想唤醒先生的注意。

其实，当我们开始回溯自己的原生家庭，以及与父母的关系，并不是要将责任都推给父母，或嚷嚷着都是父母误了自己的一生。将怨怼放下，给自己一个拥抱，去把自己照顾好，或许就会是人生的新转机。

二十七、温吞型

婆婆就是不喜欢我……

婆婆几乎就像要排除小三一般地为难她。

"我都已经整理好了，你可以不要再乱动家里的东西
吗？"

他下班后，正蹑手蹑脚地在家里翻箱倒柜找吃的东西时，
太太开口对他说。

于是，他转而先打开电视，想等太太进厨房后，再找东西吃。

"回家只会看电视，你能不能做点有意义的事情啊？""小孩的功课都是我在看。孩子的教育，你到底做了什么？""你看隔壁林太太，她先生都会倒垃圾，你会什么？"

突如其来噼哩啪啦的一连串责难，让他脸色一阵红一阵青，但是小孩在场，他也不知道要怎么回应，只好闷着头去看小孩的功课。

太太这样叨念，但她心里的埋怨并没有因为发泄出来而好受一点。尤其，当她看见先生脸色一沉，默默地帮着忙时，心里仍是一股气。

太太的连珠炮式挑剔是有来由的。她的婆婆一直不喜欢她，婆婆比较喜欢先生的前女友，之前还不断撮合他们结婚。

婆婆认为她的高学历会让儿子抬不起头，所以她宁可儿子跟前女友结婚，于是即使他们都结婚多年了，婆婆还是不时在他们耳边提及："如果你当初是和ＸＸ结婚，那该多好。"

因为公公早逝，所以婆婆和先生的感情很好，她有时觉得自己就像是介入婆婆与先生之间的小三。

长久下来，或许是她心里的委屈已堆得像小山般高，所以不管先生做得再多，她就是忍不住要苛责与挑剔。

心理咨询师这样说：

她不是不懂事，她知道先生爱妈妈，但如今，她没办法和先生一起爱这个眼里总没有她的婆婆。婆婆不喜欢她到连她的学历也被拿来批评，婆婆简直就像是在排除小三一般地为难她。

先生已经长大了，他有权利选择自己的结婚对象，但婆婆却仍将儿子当孩子般对待。而先生认为前女友已经是过往的事了，希望母亲别再提起，但母亲却依旧故我。

先生应该试着坦诚地与母亲坐下来沟通，而非总是消极地回避，或是认为就让太太发泄完情绪就好了，因为这其实会慢慢侵蚀他们夫妻的感情。

摆脱父母婚姻关系的练习：

从小到大，我们在原生家庭里，都不乏因为家人的言语而觉得心里受伤的经验。例如考试考差了，家人说："我看你这辈子只能去当女工。"或是妹妹从楼梯间摔下，家人说："你怎么没把她顾好？你是怎么当哥哥的？"

当我们不被相信、不被理解，或是被误会的时候，我们的内心深处，其实有一小块地方，是渴望能被知道、被了解，以及被相信的。

步骤一：请将这个部分的渴望写下来：

我曾经在家人关系中很受伤，当时是因为＿＿＿＿＿＿

＿＿＿＿＿＿＿＿，

被误会成＿＿＿＿＿＿＿＿＿＿＿＿＿＿＿＿

＿＿＿＿＿＿＿＿。

接着，写下你的感受，以及希望如何：＿＿＿＿＿＿

＿＿＿＿＿＿＿＿。

一、以文中的太太为例，建议依照上述整理后，可以试着这样跟先生说：

"我知道当我直话直说的时候，有时候会伤了你。看到你落寞的神情，我就想起你在家里面'不被认可'的痛苦。对不起，我让你有受伤的感觉，我很抱歉，你能＿＿＿＿＿＿（例如：这次不要跟我计较）＿＿＿＿＿＿（直接提出请求），好吗？"

二、建议先生依照上述整理后，可以试着这样跟太太说：

"当我看见你为家里的经济打拼，我其实很心疼，所以把家里面的家事都做完，是希望你放心，只是我觉得我们相处的时间实在太少了。亲爱的，我想要我们（例如：增加相处时间或至少你不要只是埋首工作）＿＿＿＿＿＿＿＿＿（直接提出请求），好吗？"

修复关系的语言练习

请深呼吸，让自己的心情缓一缓。当冲突发生之后，若你想主动和对方说明当时的状况，想要修复彼此的关系，或许你可以对对方这么说：

"当我＿＿＿＿＿的时候，我担心＿＿＿＿＿＿＿＿＿＿，这让我也很（例如：抱歉）＿＿＿＿＿＿＿，我想我们＿＿＿＿＿＿＿＿（具体建议），好吗？"

夫妻关系就像栽培植物一样，需要时时灌溉和修整。当我们彼此和缓下来，理解对方和自己的心情，看穿直来直往的话语背后，那一颗仍然想靠近彼此的心，才可能真心诚意地理解对方。虽然对方说出重话，但却是隐藏着脆弱、无助的心情，也才更有机会化危机为转机，让彼此的心更靠近。

二十八、事事要管型

什么事都要管，当我是她小孩吗

从小到大，妈妈总是对他说："你没有我不行。"

"我不照顾你，谁会照顾你？"

"你衣服怎么不穿多一点？围脖记得要戴上。"她看着正要出门的先生，不断提醒。

"喔。"先生闷哼了一声。

"这种天，你还是戴一下帽子吧。你衣柜上层有一顶刷毛的鸭舌帽，戴它出去，会很暖和。"先生已经开始不耐烦。

"那双皮鞋的鞋底快掉了，你要换一双，最好是鞋柜右
手边的那一双。"

先生忍住怒气，不爆发，但他顿时愣了一下。怎么太太
和妈妈这么像？

他好像突然间变回婚前，被妈妈悉心照顾着的小男孩。
这是一种很熟悉，却又不舒服的感觉。他只要和母亲相处，
就像变成箍着紧箍咒的孙悟空，永远逃不出五指山。

他有一个很享受孩子们崇拜眼神的妈妈，邻居也都对他
妈妈赞誉有加，因为她一手包办先生、孩子的所有事情，不
但称职，也十分出色。

但当他渐渐长大，却想与妈妈保持距离，妈妈总是对他
说："你没有我不行。""我不照顾你，谁会照顾你？"

如果不顺从妈妈的想法，她往往会情绪化地发脾气，觉
得大家都不在乎她，还埋怨起自己以前实在太傻了，完全无
私地付出，现在老了，却都没人要理她。

但当妈妈愈是这么做，孩子愈想脱离。只是孩子在脱离
的同时，却还不忘回头确认妈妈还爱不爱他们。这样的孩子，
一边想逃离妈妈的掌控，一边内心里却又带着强烈的不安与

罪恶感。

如今，他竟然在太太身上看见妈妈的影子。他和妈妈的纠葛，会复制到与太太的相处上吗？

心理咨询师这样说：

这类型的妈妈所面对的困境是：一方面她们无法因为家庭生命周期的改变而调整自己，一方面又害怕面对未知，所以认为不如不改变来得好。于是，她们坚信："孩子是离不开我的，当他们少了我，根本无法生活。"

但她们忘记了，三岁的孩子会拉着父母的手去探索世界，他们极力讨好父母，想和父母当一辈子最好的朋友，甚至非常崇拜父母，想和父母结婚；不过，七岁的孩子却已经将目光从父母转移到老师身上，孩子每天放学回来，开口闭口都是"我们老师说"；至于十三岁的孩子，他们的重心是同侪，所以"同学说"又取代"我们老师说"；二十岁的大人呢？他们在乎的更广泛了，工作、朋友、爱情……

她们焦虑，如果孩子没有了她们，日子会过得黯淡无光。在担心孩子因此会回头指责她们的不尽责前，她们努力地将爱灌注在孩子身上。

看不见孩子的母亲

满溢的父母的爱，多到似乎能把孩子塞回子宫内喂养。但这样满溢的爱，反而让孩子失去了独立的双脚。如果可以一直躺在床上就能满足一切，谁又想起身扛起自己的重量，努力用自己的双脚跑跳呢？

当她们因为焦虑，而为孩子做太多的同时，其实是"看不见孩子的"，她们看不见孩子已经长高，臂膀有多坚实。她们活在"孩子可能还很脆弱、无助"的想象里，阻挡了孩子成为自己。

也许，在这种焦虑中，父母才是真正没有安全感、真正脆弱无助的人。对他们来说，当他们日夜不断叮咛"我这样做是为你好！""为什么都不听我的？"的同时，他们反倒成为最脆弱不安的一方。他们恐惧自己的年迈被孩子看穿，担心自己再也无法保护孩子。

但当孩子已经长大，与其依循着父母的方式过活，孩子不如主动告诉父母："我长大了，我就像当年的你们一样，我可以承担起自己的生活，你们不用为我担心。"这可以帮助父母意识到，只有父母愿意放手，孩子才可能看见外面的风景。

停止从家人身上追求认同与肯定

不过，上述例子里的妈妈，除了对孩子放手外，或许也可以学习寻回自我，学习倾听自己的需求，因为她已经花了大半辈子照顾家人，并将自己的快乐始终放在家人对她的响应上。但人生是自己的，如果她能停止从家人身上追求认同与肯定，或许儿子才愿意与她再度拉近距离。

摆脱父母婚姻关系的练习：

当我们还是孩子时，面对父母的焦虑，我们会如何反应呢？

以下是常出现的六种面对冲突的方式，你是哪一种？请圈选出来。

一、攻击：例如，"你休想控制我！""凭什么管我？""你根本就是为了你自己！"

二、冷战：例如，"我才懒得理你！""尽管去说好了！""随便你！"

三、逃避：例如，"做点什么好呢？""这样说有用吗？""这根本影响不了我！"

四、避重就轻、转移话题：例如，"今天吃什么好呢？""外面有下雨吗？""爸爸几点会回来？"

五、妥协、顺从：例如，"你说了算！""依你说的做就是了。""好……"

六、化解、寻求双赢：例如，"我知道你的意思是……不过我也提提我的意见……""你真的辛苦了，你的经验很珍贵，我期许我也能像你一样，所以……"

上述的一至六，你最常用什么样的姿态回应？而你的伴侣，他又是用什么样的姿态回应？（请用另一种颜色的笔圈选出来）。

一至五的反应方式，是偏向控制、逃避或委屈自己，这往往无法达成真正的沟通。六的方式，虽然较为辛苦，但却比较能让彼此了解真正的想法，因而也比较容易找到能让彼此都接受的处理方式。

另外，你也可以练习，如下：

"我知道你＿＿＿＿＿＿（对方表达的原意），不过我也提我的意见＿＿＿＿＿＿＿＿＿＿＿＿＿＿＿（你的想法）。"

"你真的辛苦了，还为我想，我也期待和你一样＿＿＿＿

_____我想到的是_____。"

如果要缓解对方的焦虑，那么第一件事，是先肯定对方的着急和照顾我们的心情，接下来，再好好与对方沟通，可以怎么做，能让彼此都接受。

焦虑的人，是需要被响应的，只是我们愿意响应，却不想被控制，这就需要孩子与父母好好沟通，也许不能一次就成功，但是回头想想，我们的父母在我们小时候，不也是不厌其烦、一再地重复教导我们？如今，年老的父母某个层面也很像个孩子，而如果这样的沟通，既能让我们修复与父母的关系，并重新看待自己的亲密关系，不也是很好的机会吗？

二十九、没安全感型

他都不接我电话，是不是不要我了

渴望被呵护的她，却不太能信任对她温柔关怀的人。

她的矛盾，是她恋情里最大的问题。

　　他忍不住抱怨："你每次打电话来，讲不清楚到底要干嘛，又不准我挂电话。到底要我怎么样？"

　　她满腹委屈，边哭边说："别人的男朋友都会带她出去玩，你宅在寝室打电动也就算了，每次出去，都还心不甘情不愿，我到底是哪里惹到你了？"

　　他们在大学时期就开始交往。她欣赏他很有主见，无论遇到多么令人慌乱的事，他都能冷静处理，当年身为学生会长的他，真的很有领导者的大将之风。

　　但她不懂的是，为什么自己的男朋友好像都不需要她。她觉得这样的关系，根本不像恋爱。她甚至常担心着，是不是男友不要她了，想跟她分手了。

　　原来，她在两岁时，母亲就离开她。十二岁时，父母正式离了婚，虽然她很快就有了继母，但继母毕竟与母亲不同，她的心里有着很深的失落。

　　或许是原生家庭的影响，让她一方面期待自己能被充分地呵护与包容，但另一方面，她却不太能信任对她温柔、关怀的人。她的矛盾是她恋情里最大的问题。

心理咨询师这样说：

　　夫妻或伴侣之间，往往有某种潜意识的交互式吸引，上述的这对男女朋友就是一个很好的例子，女孩偏向焦虑型，男孩则偏向逃避型。

举例来说，焦虑型的 A 常常觉得自己不够好，所以当他面对一个认为自己很厉害的人 B，A 就会很容易被激起好奇心，他会觉得"B 怎么可以这么有信心""B 为什么都很有自己的想法"等。当 A 被 B 吸引时，B 有了被欣赏的感受，A 与 B 就很容易因为互相欣赏或吸引而成为伴侣。

爱上真实的他，还是想象中的他？

但当日子一久，A 难免发现 B 并非全知全能，而且也有他的焦虑和弱处。其实，在关系中，A 对 B 必须要分清楚，哪些是"现实的欣赏"，而哪些是"理想化的想象"。当他要接纳 B 也是平凡人，没有这么完美或理想时，他必须先破坏自己对 B 理想化的想象，才有办法做到。

这也是我们常常在伴侣身上见到的配对组合，也就是"焦虑型"和"逃避型"两种，在心理学上，常称这样的配对为"影子人格"。

依照荣格（Carl Jung）的观点，每个人都有自己所不能接受的阴影，而我们却常常被这些阴影所吸引，但又将它排拒在外。对于和我很不一样的人，或者自己所无法接受的一面，如果有机会坦然接受，或许能让我们的生命更完整，一如荣格曾经说过的："我宁可成为一个完整的人，而不是一个好人。"

停（stop）、看（观察）、（倾）听

虽然焦虑型的人常常与逃避型的人对应和配对，但是在潜意识中，他们在人格长成的方向上有着不同的发展。

焦虑型的人常认为自己不够好，但看待别人却往往觉得不错、有价值。他们对爱感到饥渴，害怕自己不被重视，害怕被抛弃，对于情绪过度敏感，对于亲密伴侣的情感较为矛盾和爱恨交加，喜欢有人陪伴。

逃避型的人则认为自己不错，看别人就觉得普通。他们觉得自己很行，对情势的需求需要有掌控感，需要被尊重。对于事情的判断偏向理性分析，能够独立完成很多事情，但不容易与人分享感受。

在爱情中，当焦虑型的人与逃避型的人发生冲突，双方都可能觉得是"对方的错"，因为他们面对沟通上的压力时，双方的反应很不同。唯有先喊"卡"，充分地"停（stop）、看（观察）、（倾）听"，才有机会沟通和了解彼此的需要。

摆脱父母婚姻关系的练习：

我们先做一个检视，了解当你面对争执时，你的反应是什么。

步骤一：你可以依照你或你的伴侣，去勾选出下面表格中，你们面对压力和冲突时的反应。

焦虑型的人常有的特点	逃避型的人常有的特点
☐常会耐不住孤单，喜欢有人陪伴	☐可以独自一人照顾好自己的生活
☐很在意别人的看法	☐不太在乎别人的看法
☐常以别人的需要为重	☐需要蛮多独处的时间
☐很在乎别人的评价	☐不太在乎他人评价
☐常因为别人而影响自己的心情	☐不太因别人影响自己的心情
☐强烈渴望与人亲近	☐不太需要常与人掏心掏肺，说心里话
☐若碰到误会，很想知道对方的想法	☐若碰到误会，会需要自己单独静一静
☐争吵后，总是先去示好的那个人	☐认为是别人的错，自己永远是对的
☐常说的话是：你到底是怎么想的	☐常说的话是：不要来烦我了

步骤二：回想你的父母，他们如何处理冲突，是这两种
人格类型吗？

步骤三：你父母的处理冲突方式，有影响你吗？你可以
如何调整呢？（可以跟你的伴侣一起讨论）

我们都是带着各自家庭的影子，来到自己的感情世界里，
但请别让过去的伤痛影响着自己以及身边的他，这样只会不
断受伤与煎熬。

三十、矮人一截型

第三者是她的宿命？

她也想过要停止这段恋情，但她又会告诉自己：

"也许继续当个傻子，也很好。"

　　在咨询的个案里，有一对年轻情侣，后来我才知道与男孩一起来咨询的女孩，并不是男孩的女友，而是第三者。

　　我心里很疑惑，为什么她明明知道自己是第三者，却在几次和男孩提分手后，心里仍无法割舍男孩。

父母婚姻

其实这场恋情的收场，女孩心里比谁都清楚，但是她却一再逃避。当男孩又选择回女友身边，而让她心里受伤、煎熬不已时，她也想过要停止，但她又会同时想起男孩曾经给她的承诺，于是她告诉自己："也许继续当个傻子，也很好。"

两年多来，为了这男孩，她失去很多和别人发展的机会。有时候，她会觉得没有对方，自己也可以过得很好。但有时候，她又觉得离开对方，自己是活不下去的，而虽然只能拥有对方的部分，但总比全部失去要好。

她不会找他闹，也不会找他吵，因为她知道这些只会让他厌烦，然后像她害怕的那样，真的把她丢弃。那种被无情地打包起来，狠狠打入被否定的地狱，就像她在暗黑的夜里不断重复的梦境。

她是私生女，从小她就渴望着母亲的爱，但母亲却是只将目光朝向偶尔才会来找她们母女的父亲。但当父亲来了，母亲也只会开心几天，等父亲一走，母亲就开始歇斯底里。她不知道如何安慰母亲，只知道自己不要像母亲这样，为了等一个男人，毁了自己的一生。

心理咨询师这样说：

我想对她来说，她从没想过自己会步上父母关系的后尘，因为这是她从小到大最切身的痛。这是属于"强迫性重复"的类型，这样的模式，反而让她得不到她一辈子都渴求的爱。

"强迫性重复"使我们不由自主地就会落入特定的爱恨关系。我们借着通过重复这样的行为，来弥补小时候空缺的爱，或未满足的遗憾。

如果她想跳脱目前的困境，首先，她需要觉察自己的行为是来自于母亲。母亲在当年那个时代，或许有母亲自己的难处，所以试着体谅母亲。这样的体谅，也等于放过自己，而且她是她，不是母亲的附属品，不一定要走和母亲同样的路，她可以有自己的想法与选择。

在咨询现场，无论是男人，还是女人，或许我们会以为痛苦的通常都是被外遇的人，但其实三个人都受苦，无人能幸免。

外遇的人，通常会这么说：

一、批评目前的伴侣：你会听到"他跟我有多不合适。""他的状况有多糟，多拖累我。""他很凶，剥夺我的权益，虐待我。""他不尊重我，而我没办法反抗。"

吸引到的外遇对象：想帮忙解救这个问题的人，也是容易有救火队性格的人。

介入后的缺点：他会制造更多的危机，让你解救，到时候你累了、腻了，但却难以脱身。

二、贬低伴侣后，暗暗褒奖你：你会听到"他真的很过分，你一定不会这样对我吧！""他不像你一样，能领略我的好。""他不像你这么善解人意。"

吸引到的外遇对象：认为自己很不错，渴求被好好珍惜的人。

介入后的缺点：在爱情关系中最可贵的是能真实做自己，你不可能二十四小时都善解人意，等你不能总是温柔的时候，他就会觉得你变了。

三、如果有你，就有了全世界：你会听到"如果我先遇到你，我一定会选择你。""如果我们在一起，我的承诺都会在你身上发生。"

吸引到的外遇对象：期待能拥有理想中的恋爱的人。

介入后的缺点：如果你某天不让他感到满意，他又会觉得很困惑无助，你心里面永远的害怕就是他可能会丢下我，而找其他人。

在三角关系里，第三者的位子永远是不对等的。那一种"一下说爱你，一下消失不见"的全有或全无的爱情关系，足以让一个人感到崩溃和情感分裂。

虽然，当你听到一个人发出求救讯号时，你会感到不忍心和想给予帮助，但是若拿捏不好界线，却是很容易掉入变成第三者的陷阱里。

摆脱父母婚姻关系的练习：

你也有矮人一截的渴爱模式吗？这类型的"强迫性重复"常让我们无法摆脱过往的束缚，开展自己的新人生。现在让我们回头发现那些强迫性模式的起源。

1. 你从小最想要，却没办法得到的心理满足是什么？

例如：家人能够多挺我一点，而不是放牛吃草；妈妈不要只疼哥哥……

＿＿＿＿＿＿＿＿＿＿＿＿＿＿＿＿＿＿＿＿＿＿＿、

＿＿＿＿＿＿＿＿＿＿＿＿＿＿＿＿＿＿＿＿＿＿＿。

2. 你从小最常出现的负面心情是什么？

例如：心里觉得羞愧→原来我不够好；心里觉得委屈→为什么要误会我；心里觉得愤怒→为什么这么不尊重我；心里觉得伤心或遗憾→如果……就好了；等等

＿＿＿＿＿＿＿＿＿＿＿＿＿＿＿＿＿：这是因为

_____ 。

_____ ：这是因为

_____ 。

_____ ：这是因为

_____ 。

3. 这些心情在现在的亲密关系里曾出现或发生吗？是什么样的情境？

_____ ：

_____ 。

_____ ：

_____ 。

4. 现在你发现了，如果可以超越或改变，你想怎么做？

我选择改变_____因为

_____ 。

建议你，在回答第四题时，可以多给自己一些时间，因为对于你的人生，你是有力量的。或许调整或改变不是那么容易，但一旦开始，你会发现，调整或改变并没有想象中艰难，尤其当你感受到一些调整或改变，让你的生活更自在，你会更有信心活出自我。

三十一、黏人型

女友不讲理又黏，快喘不过气

他们渴望和谐的家庭气氛，但又在心里的最底层，
觉得自己不配过这样的好日子。

"你是一个能让我托付一辈子的人吗？"每当她交一个
男朋友，就像要互定终身般，总是要对方给她承诺。

她渴求爱，她极力排除和爸妈一样拥有不幸福的婚姻。
但是，为什么她愈渴望被关爱，就愈常成为感情的失败者。

她不断被分手，男友都觉得她太黏、太烦人。

她来自一个父母争吵不断的家庭，除了言语上的争执，还有肢体冲突。因为他们，她度过了无数个半夜无法阖眼的日子。

身为长女的她，一方面要阻止父亲的暴力，一方面又要保护母亲，这样的纠缠，捆绑住她最青涩的岁月，也逼着她迅速长大。她没有抱怨，因为在她眼里，满满都是母亲挥之不去的痛苦。

一直以来，她都渴望能有稳定的依靠。她希望能与负责任、爱家、爱护另一半、喜欢家庭生活的男人共组家庭。总之，就是要选择一个完全不同于父亲的男人。

她也告诉自己，千万不要成为像她母亲那样的女性，只会脆弱地不断掉眼泪，却对自己的处境无能为力。无论如何，她都不要走上父母的婚姻路。

但是这样的量身打造，却让她的感情一直受挫，于是，在感情路上，她变得更挑剔、更焦躁，也更情绪化。

她只在意对方符不符合她的标准，而无法花时间、心力去了解对方，而对方只要稍一不合她的意，她就又开始没有安全感地紧迫盯人。

心理咨询师这样说：

在咨询的过程中，不乏遇上孩子年纪小小就承担起父母关系的个案。当看到母亲总是伤心不已，孩子很容易就将"取悦母亲"变成是自己的责任，甚至把"驱逐爸爸"也变成是自己的职责。

但其实孩子都忘记了，自己也只是个孩子。过度承担大人责任的孩子，长大后就容易成为"拒绝自己有需求，也拒绝别人有需求"的人。

一个从小在这样的气氛下长大的孩子，因为他们不晓得温暖家庭的样貌，也没有这样的经验，所以他们会努力地用自己的方式，去辛苦地揣摩与摸索。但令人最难过的地方是，这样的孩子，一方面渴望有和谐的家庭气氛，一方面他们却在内心的最底层，又觉得自己不配过这样的好日子。

从此，不再复制
父母婚姻

摆脱父母婚姻关系的练习：

以上述的例子来说，对她而言，可以去思考的是，她因为过往的家庭关系，而变成_____（怎样）的人。

例如：她可能变成

☐谨慎的人。

☐渴求爱和关怀的人。

☐对于另一半严格的人。

☐忘记另一半也有自己需求的人。

☐懂得家庭关系要好好经营的人。

☐特别容易被温吞的人所吸引的人。

☐希望对方满足自己所有要求的人。

她除了回头去疼惜过往受伤的内在的自己，同时藉由上述的提问，也可以提醒自己，可以做哪些调整，为自己的人生再次努力。

步骤一：对你来说，你想要跟什么样的人交往，甚至组成家庭？请写下你对原生家庭最早的印象。_____

_____。

过去的家庭关系让你变成

1. _____的人。

2. _____的人。

3. _____的人。

（请尽可能多写）

步骤二：请你浏览刚才写下的内容，再将你现在的人生阶段想要留下来的项目圈起来。

步骤三：找一个了解你的朋友，说说那些"被圈起来的项目"。

除了好好谢谢你圈起来的部分，也谢谢那段经历，让你成为现在的你。

步骤四：请看看你不想留下来的部分，如果你想要改变，你想改变的是哪些项目。

步骤五：谢谢那些"没改动"的项目，如果它们已经不合时宜，请将它们停留在过去的岁月，但请谢谢它们曾经陪伴你人生中一段长长的道路。

对于原生家庭或父母对你的影响，请试着去体谅父母当时可能面临的难处与困境。请相信，他们已经做到在那个处境中给你最好的。谅解父母，我们才可能展开新人生，或许也能带着轻松和踏实的步伐，找寻适合你的另一半。

三十二、面面俱到型

太太事事要求完美，我快窒息

面对另一半的爸妈，她不只是"媳妇"的角色，

也是一个想要表现完美的孩子。

"老公，今天下班要回你爸妈家，我要先去买礼盒。妈身体不好，我上网帮她查了某牌的鸡精，你下班后，先载我去南京东路五段，记得哦。"出门前，太太殷勤地提醒他。

他和太太两个人都是上班族，看着新婚不久的太太对于

自己的爸妈如此关心，他感到很窝心。

没多久，太太传来短信："老公，上次爸撞伤膝盖，我们下班后，帮他买电疗热敷。记得载我去剑南路那边买。"

但这回，先生感到的不是窝心，他隐约觉得，太太似乎对于回婆家有些焦虑与压力。

下班后，或许是工作上的忙碌，他完全忘记要回去看爸妈的事。而当车子直往高速公路准备南下时，太太急忙阻止他："不是要去南京东路吗？你怎么忘了？亏我早上一直提醒你。"

但此时车子已经无法回头，正在开车的他，忍不住说："就已经开上来了，能怎么办？怎么，是去看我的爸妈，你却比我还紧张？"

太太一听，眼眶竟泛泪水，说着："是啊，是难得照顾你爸妈，你这个做儿子的，怎么比我还不贴心？"

他拉不下脸，说："你怎么能这样说。我没买东西给爸妈，他们一样会对我好，哪像你，还要买东西讨好。"

他一这样说，太太完全被气哭了："是啊，你有爸妈，我从小就没有爸妈，所以我把你的爸妈当成我自己的爸妈照顾。我对他们好，有什么不对吗？"

太太在四岁时，她的父母就因为车祸双双过世，所以她从小在姑姑家长大。姑姑其实也有自己的孩子，但姑姑觉得她太可怜了，所以总是把她当成自己的孩子。为了不让抚养她长大的姑姑失望，从小到大，她都要求自己"凡事要做到最好，不能让姑姑没面子"。追求完美，成为她身上摆脱不掉的烙印。

心理咨询师这样说：

对她来说，她很感激姑姑对她的养育之恩，所以她决定要有好表现，不让姑姑担心，她也努力成为一个不管遇上什么事情，都能独立自主的女孩。她甚至决定，如果有一天她自己组了家庭，她要把另一半的父母当成自己的爸妈来孝顺。

将"另一半的表现"与"自己的表现"绑在一起

但是，她愈想表现完美，却愈感到紧张和焦虑。面对另一半的爸妈，她不只是"媳妇"的角色，也是一个想要表现完美的孩子。而当她请另一半帮忙时，如果另一半的表现不佳或明显未依照她的意思，她就会忍不住生气，因为她将"另一半的表现"与"自己的表现"牢牢地绑在一起。

于是从一开始的贴心叮咛，到后来，如果另一半不从己意，就觉得委屈、难过，甚至开始争吵。

而当另一半觉得真是无妄之灾，或者做什么都不对，动辄得咎时，常常会更强硬地反弹。因为先生觉得，我跟你是不同的个体，我有我的决定。此时，太太的自我又会面临一种困境，"原来，你跟我是没有共识的。"

于是，婚姻的分歧就从此开始。一直觉得彼此没有共识，或者彼此价值观不同，但却都没有考虑到，是"过去的伤痛"不断影响现在的亲密关系。

摆脱父母婚姻关系的练习：

步骤一：请写下你的主要照顾者，也许是爸妈，也许是其他人。请列出不止一位重要的主要照顾者：

　　＿＿＿＿＿＿、＿＿＿＿＿＿、＿＿＿＿＿＿。

请将关系从深到浅，列出几个你身边比较好的朋友：

　　＿＿＿＿＿＿、＿＿＿＿＿＿、＿＿＿＿＿＿。

步骤二：请将上列人物写到下页的表格里。

主要照顾者	当他对我愈……	我就愈……	因为
例如：妈妈	强势	感到自己很弱	她做什么，都比我快、狠、准
例如：养父	爱我	服从或者刁蛮	服从：他没必要爱我，居然对我好 刁蛮：我要试试看他的底线在哪里

其实，面对压力情境，每个人都会拿出自己最习惯的方式来应对，但是请记得人是有弹性的，无论面对过什么样的伤痛，当我们柔软地为伤痛上药后，我们都有不同的面貌和角色可以因应，并加以面对、处理。

依据家族治疗大师萨提亚（Virginia Satir）的"面貌聚会"概念，我们每个人都有不同的样态，这些样态就像自己的个性和看法。但当我们面对困境的时候，通常都会僵化，忘记自己有弹性，忘记当我们面对着不同的角色，我们其实可以有不同的处理方式。

当我们能不那么僵化时，我们在重要的人面前，就可以更有创意、更自在，而非被完美主义押着跑，或者沉浸在过去的伤痛和愧疚里，变成另一个不断压榨自己或活在遗憾中的人，却得不到想要的疼爱。

三十三、掌控型

只要晚回家，先生就坐在客厅等

"你也知道，我们家的习惯就是这样，为什么你就是做不到？"
先生对太太抱怨。

　　"喂，你还知道要回来啊，我还以为你忘记家在哪里了。
每一次都让我等你这么久，你都不觉得愧疚啊！"他守在客
厅好一阵子了，看着十二点多回家的太太，心里虽是松一口
气，劈头却是不住地抱怨。

"我加班啊，我没跟你说是因为忙到没时间打电话，但我之前就跟你说过了，我这阵子工作比较忙，你就先睡，不要每天等我。"

在科技业工作的太太觉得两人都已经结婚好几年，她实在不了解先生为什么总是在这件事情上与她意见不合，而且这些对话不知已经上演了几千回。她已经很烦了，看到先生又坐在客厅等他，自然心里就有一股气。

"你也知道，我们家习惯就是这样，到哪里就要说，为什么你就做不到？"他还是在气头上，但可以感受到言语中有一些示弱，以及一丝苦苦哀求。

"那么，我也跟你说，我感受到的是你的控制。你爸妈对彼此有不安全感，他们那样窒息的关系，为什么你要复制在我身上？你也不要加诸他们的要求在我身上，我和他们不一样。"太太累了，也急了，忍不住说出积压已久的内心话。

先生来自一个很没有安全感的家庭，而这样的家庭，拖累着全家人，让大家都变得很疲惫。因为只要稍稍违背家人的意思，就被他视为是"背叛家庭"。因此，他们习惯全家人彼此的状况都要公开透明，这样也心照不宣了好几年。

本以为这样一来，他可以更感到安全，但这样紧张、永远不能放松的相处，除了让人感到窒息，彼此的关系也没因

此更稳固，反倒变成在比较谁对谁不够忠诚，或谁对谁付出
比较多的痛苦与问题。

心理咨询师这样说：

他的困境，其实很多人都有。当我们还很小的时候，家
庭关系和家庭气氛深深地影响着我们对未来生活的期待。

鲍比曾提出依附关系的观念，表示我们从出生后与依附
对象的关系，足以影响着未来我们的人际关系。当然，未成
年的儿童依恋的对象会随着一个人的成长不断转变，从父母、
老师、同侪，慢慢转移到恋爱的对象。我们小时候累积而来
的人际关系，会变成某种习惯，深深地影响我们未来的亲密
关系。

学者哈杉和雪佛在 1987 年提出"我们在爱情关系中，
就是一种依恋的关系，我们对对方有预期、有承诺、有期待，
也有激情，渴望更亲密"。在渴望更亲密的道路上，我们可
能会经历理想化和幻灭，再从幻灭中去调整自己的期待，接
着再经历幻灭，经过一次次的幻灭，我们终于能清楚看见对
方真实的样子。

每个人的依附需求比重不同

也因此，在谈恋爱或婚姻关系中，我们会冒出一个想法："我和他真的合适吗？"这个问题不只是单方面，而是双方都必须面临，双方的安全感也因此会受到某种程度的挑战和重新洗牌。

然而，这样的依恋关系分成"安全"和"不安全"两种形式。对于安全感够的人来说，可以比较轻易地展现友善和信任；而对不安全依恋类型的人来说，却可能遭受比较多的挫折和担心。

例如：觉得自己不够好，担忧被抛弃；担心自己不够重要；害怕自己遭受拒绝；害怕自己没有魅力；认为自己的挫折是没人可以接受的；害怕自己永远没资格被爱……这些，我们称作成人关系中的"依附需求"。

然而，每个人依附需求的比重又有所不同，以上述的他来说，他在太太的反应中，感觉到自己可能是不被重视的，他的需求没被照顾到，所以感受到不被爱。

但这些依附的讯息传递不到太太的心里，因为太太是以自己的原生家庭方式应对。于是，两人变成争执于到底谁在压迫谁，以及谁对谁错，而先生在这样的情况下，就更难被安抚到，在他心里，也更加深了没安全感的感受。

摆脱父母婚姻关系的练习：

你在关系中，重视哪些依附讯息呢？请回想你曾经拥有过的一段亲密关系，当时你们最常争执的问题是什么？将比重以条形图列在下页的图中（本页图为范例）。分为 0 ~ 10分，请依照影响的程度画出来，分数高的代表影响程度大。也可以请另一半在下一页的图表中画出来。

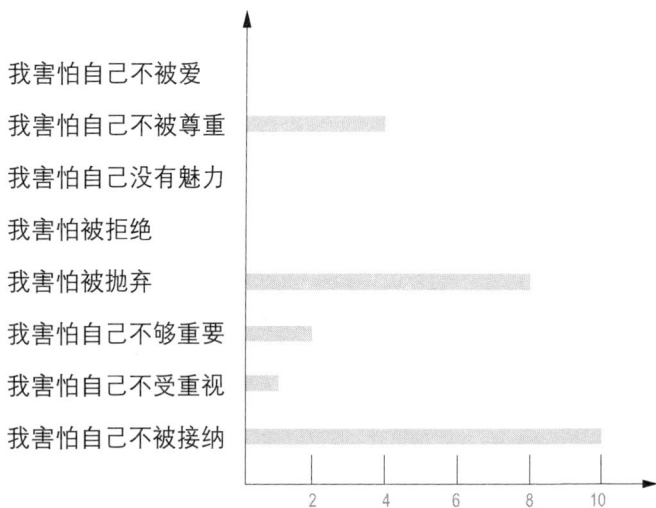

我害怕自己不被爱
我害怕自己不被尊重
我害怕自己没有魅力
我害怕被拒绝
我害怕被抛弃
我害怕自己不够重要
我害怕自己不受重视
我害怕自己不被接纳

2　4　6　8　10

请画出你的依附需求比重：

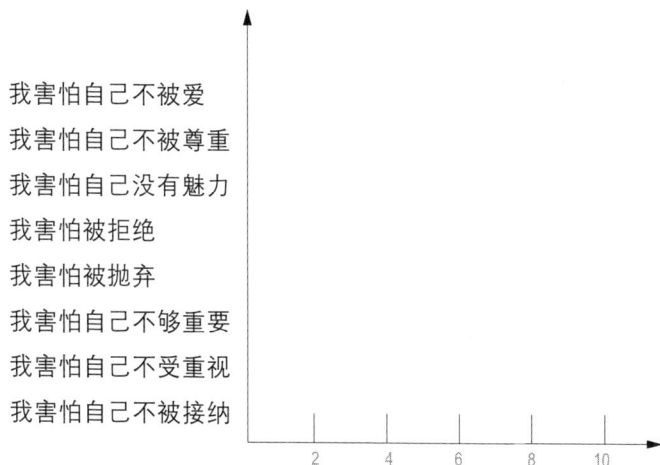

我害怕自己不被爱

我害怕自己不被尊重

我害怕自己没有魅力

我害怕被拒绝

我害怕被抛弃

我害怕自己不够重要

我害怕自己不受重视

我害怕自己不被接纳

2   4   6   8   10

请画出你伴侣的依附需求比重：

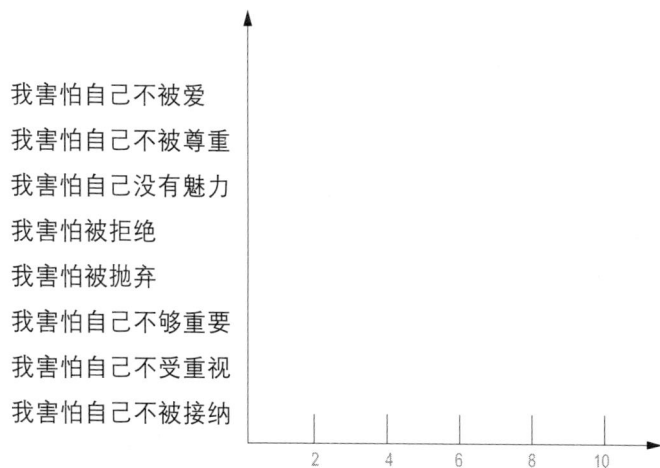

我害怕自己不被爱

我害怕自己不被尊重

我害怕自己没有魅力

我害怕被拒绝

我害怕被抛弃

我害怕自己不够重要

我害怕自己不受重视

我害怕自己不被接纳

2   4   6   8   10

请比较你与另一半所画出来的图表，你对彼此关系的新发现是什么？＿＿＿＿＿＿＿＿＿＿＿＿＿＿＿＿＿。

有时候，我们和伴侣的争执，其实都是渴望和对方靠近，但基于彼此的依附需求不同，有时反而让我们和另一半离得愈来愈远。

通过两张表格的厘清，让你和另一半在争执前有机会停下来想一想，自己是哪一个依附需求遭到威胁，以及另一半正在表达他的哪个依附需求，这样，也才不会让彼此的关系，陷在谁对谁错的死胡同里。

三十四、八卦型

八卦，是太太觉得自己唯一还有价值的地方

先生眼中的缺点，至少让她觉得，

她不是那么一无是处，甚至仿佛和父亲有一丝连结。

　　她是邻里巷弄间有名的包打听，八卦在她这里累积得非常迅速。她一回家，就拿起电话讲个没完。

　　"我跟你说 W 他妹……还哪个？就是每次都穿得很时髦的那个啊，她就住在我们这个小区，她常常跟不同的男人

出入，也不想想自己都已经是四十好几的女人了，还这么不检点……"

她拿着电话，从厨房移到客厅，但被家人嫌吵后，又从客厅的沙发移动到阳台，一讲就讲了两个多小时。

当她心满意足地挂上电话，回头正要跟先生重新倒带，把刚刚跟 S 太太交换的八卦告诉先生。

先生却冷不防叫她："垃圾车快来了，快去倒垃圾！"

这种场景不是这一两天才有，但今天，她却像是被浇了一盆冷水。

她心不甘情不愿地跟先生说："你是没看到我才刚忙完。垃圾你也有份，不会自己去倒啊？"

先生冷笑了一声，说："你八卦个没完，哪叫忙？成天只会说东道西，当长舌妇，除此之外，你还会做什么？"这句话，大大刺激到她的敏感神经，她"哼"了一声，转身进房。

了解他们夫妻的人都知道，"要她去倒垃圾"，并不是先生的本意，他只是不想看见她乐此不疲，像个街头大婶，八卦讲不停。只是，当她生了孩子后，身材走样，也没外出工作，她跟先生之间没什么新鲜的话题，而她最拿手的，莫过于小时候跟着身为里长的爸爸，到处拜访街坊邻居，嘘寒问暖。除此之外，她没有其他的能耐。

其实，她也知道先生觉得她的行为很丢脸，甚至是不齿，每次看到她在讲电话，都露出不耐烦的表情。

可是这个不耐烦，至少让她觉得，她不是那么一无是处，甚至仿佛和父亲有一丝连结，虽然她并不能和当年的父亲一样，在小区占有一席之地。

心理咨询师这样说：

她面对自己中年的生活，其实是感到有些失落的。毕竟在生了孩子后，一切以家庭为重的日子，并没有办法满足她满身的活力，以及和别人互动的热情，于是，她唯一令自己自豪的，就是当包打听，搜集别人家的"秘辛"，再和别人交换。

反映出人际关系上的不安

这样的模式，反映了她在人际关系上的不安。如果没有这些秘密交换，那她还剩下什么？她只觉得自己没有魅力、赚钱能力很弱势，以及被现实追着跑的无奈。她觉得这样过日子，实在太辛苦了。

于是她的防卫心态，让她发展出一套生存法则，就是她从小见识到父亲在邻里间的"嘘寒问暖"。但她显然是白费力气了，因为她的作为反倒让大家都怕她，先生也以她为耻。但对她来说，无论是再坏的响应，都是有反应，不是吗？

她的心态是，将自己都不能接受的那部分投诸在外，让对应的人感受她的难受和难堪。

例如，甲无法接纳自己有囤积东西的习惯，所以甲就一直挑剔其他人有囤积东西的习惯，这是投射。但另一人吸收了甲的嫌弃和挑剔，而很生气地对甲说："我就是这样，你想怎么样？"那他就是认同了甲的投射。

投射的人常常会往外丢弃自己内心里无法接纳的垃圾。就像上述案例里的她一样，她无法接受自己是"无知的""被别人抓到话柄"，于是她紧抓着别人的秘密，到处传播及放送。

摆脱父母婚姻关系的练习：

在亲密关系中，我们要怎么为自己的投射负责？投射就是我们将自己不能接受的意念，投诸于外的一种行动。当我们嫌弃别人不负责任的时候，其实是不允许自己不负责任。

我们将这样的指责投诸在外，看见另一个不负责任的个体，然后嫌弃它，就像自己不想负责任地唾弃自己一番一样。

你喜欢过什么样的人，某个程度都代表了那个阶段的自我投射。

你可以做一个前男／女友列表，通过前男／女友的列表，你会意外地发现自己在每位前男／女友的身上能获得的感觉不一样。同时，你也可能会看见不同时期的自己。

步骤一：前男／女友列表：＿＿＿＿＿＿＿＿＿。

步骤二：挑选其中一个，试试看问以下的问题：

1. 你喜欢他带给你什么样的感觉，将你想得到的都写下来，例如圆融、会做人、懂事理、给你安全感、够坚强……

＿＿＿＿＿＿＿＿＿＿＿＿＿＿＿＿＿＿。

2. 他有这样的感觉，对应到你的什么需求？例如，我是一个性子比较直接的人；我不太会做人；我讲道理，可以沟通；我不太有安全感；我很弱，容易被欺负，他如果够强悍，可以保护我等。＿＿＿＿＿＿＿＿＿＿＿＿＿。

你有没有发现，其实会爱对方，某部分也是在圆满你自己。你以为他是你的"另一半"，以至于你童年未完成的愿望、你十几年来长成的个性、你的期望，都希望能从他身上一并达成。

于是，你将这个希望投注在他身上，将他当成你的"另一半"，想要和他安然地结合成"世界上最匹配的恋人"。

只可惜，我们谁都没有所谓的"另一半"。另一半，其实就在你里面，你的身体里面，你的心里面，你的意念里面。你发现没有，其实你就是一个整体。在我们和另一个生命碰撞的过程中，我们常会误以为将自己渴求的投诸于对方，对方就能应许我们的愿望，我们可以不用做些改变。但我们都忘记了，改变是掌握在自己手上，对方也许是现阶段能够和你一起学习的楷模，但并不是完成你梦想的阿拉丁神灯。

你必须负责任地回到自己身上，以上述个案为例，在自己身上，你必须"找到什么时间点要圆融、学会做人、安顿好自己、某个部分也要够肯定自己"等等，这才是负责任的订定长远目标的做法。

同样的，若是对方身上有你不喜欢的地方，那其实也是你自己不允许，也看不惯自己变成那样的地方。那其实是你的一部分，你不需要无限上纲，但请保持理性沟通和修正的态度，然后再去调整与面对。

恋上一个人，某个部分除了能修复我们童年的伤痛，和建立关系中新的希望及企盼外，更多的是，我们从对方身上看见自己，看见他的个体性。我们允许彼此有连结，但又可以互相独立，这才是对完满关系的合理期盼。

三十五、受害者型

家不是两个人的吗？为什么只有我养家

他们应该去正视与认识自己的伤口。

伤口的来源是什么，是什么样的状况下产生的？

　　这一对才刚进门的夫妻，先生劈头第一句话就对我说：
"我从来都没有在自己身上花过什么钱，她凭什么什么都要
吃好的？"

　　尾随入门的太太，马上不遑多让："我从嫁到你家，也

没存什么私房钱，钱都花在家里。我为什么不能吃好一点？又不是花你的钱。"

"你真是个自私的女人，你看我十几年来都没买什么新衣服，你买了多少？"

"我也只是买衣服啊，其他的，像鞋子、首饰……我有买吗？"

听着他们的争吵，我觉得他们已经把这咨询室当成囚房，除了帮彼此套上手铐、脚镣，太太还会对先生说："你看，我有手铐，你有我被铐得紧吗？"

"唉，我有脚镣，哪儿都去不成，你那点手铐，算得了什么。"

如果将他们身上的手铐、脚镣，换成他们的伤痛，那么，就会变成以下的对话：

"你爸对你不好，那又不算什么？我从小没有爸妈……"

"你没有爸妈，那又不算什么，我从小有爸妈，却被虐待……"

可想而知，他们是这样对待彼此的伤口。当一方摊开伤口，说："你看，你看，我这里受了伤……"另一人就撕开自己的伤口说："你又没有伤到重要部位，我的比较严重吧！"

于是，受伤的他们，彼此都很难给对方的伤口敷药、治疗，或者说出安慰和照顾的话语，然后彼此因为撕裂伤口，又没有治疗，所以又再受伤一次，两人完全都逃脱不出这种困境。

心理咨询师这样说：

我们进入婚姻的时候，是最容易唤起我们在原生家庭里面伤痛的时候。

婚姻中的挣扎与真实样貌

记得在一本家族治疗的书籍里写道：双方在结婚的时候，如果只问："你愿意包容他、爱他，和他共度下半辈子吗？"然后等着彼此说"愿意"，这其实没有问到婚姻的核心。

假设是问："你愿意接受他和父母的关系、教养的态度、手足的关系、对于金钱的价值观、对待小孩的坚持点，在知道这些差异后，仍愿意和他沟通、交流、对话，并愿意在'为了这个家'的前提下，和你的伴侣取得某种共识吗？"也许才问到对婚姻承诺的核心，这也是婚姻中的挣扎与真实样貌。

在婚姻中，我们最容易理想化对方，把对方理想化成我们想要的样子，因此也最容易幻灭，并看见彼此的伤痛。

陪伴，让彼此走出过去原生家庭的伤痛

在《星运里的错》的电影里，有一句台词是"有人能接纳我生命中曾经的心碎，将是我的幸运"。这句话若能在另一半身上实现，也就是在对方的伤口被撕裂的时候，你能静静地在旁陪伴，并轻声询问："亲爱的，我很抱歉有人在你的生命中这样伤害你，你想要我怎么帮你？"这样的陪伴，才可能让彼此走出过去原生家庭的伤痛。

摆脱父母婚姻关系的练习：

在家庭成员中，你最常扮演什么角色？

请写下来：

对谁，你最容易变成面目可憎的迫害者？

对谁，你最容易变成受害者？

对谁，你又最容易变成拯救者呢？

我们也可以反过来想，我们对那个人怎么会拥有拯救者的有能感，或受害者的无奈，和迫害者的面目可憎？

不过，请记得，在你熟悉的角色之外，无论你变成谁，都有其他角色可以选择。

你可以是有创意的女儿、有方法的女儿、撒娇的女儿，而不一定只是担任救火队的女儿。

你可以是爱打岔的儿子、健谈有趣的儿子，而不只是面目可憎的迫害者。

又或，你可以成为有能的父母、幽默的父母，不一定只是被害者的父母。

所以，请你延展一下对那人的态度，多写你对待他的姿态。例如，我对妈妈常变成是迫害者，我希望能增加什么姿态在与她的相处上，请在下面的表格填上。

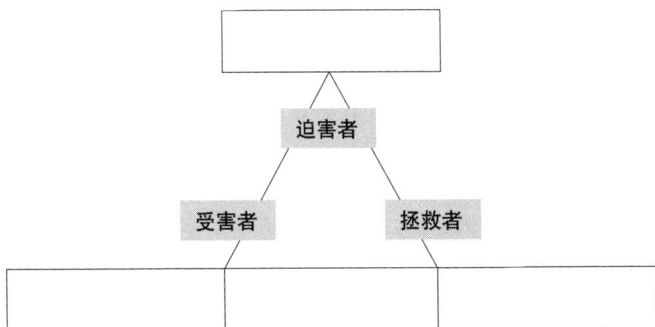

```
┌────────────────────┐
│                    │
└────────────────────┘
        迫害者

  受害者        拯救者
┌──────────┐  ┌──────────┐
│          │  │          │
└──────────┘  └──────────┘
```

例如：我对妈妈常变成迫害者，我希望能增加什么姿态在和她的相处上。

例如：迫害者 有耐性的女儿、有乐趣的女儿、有界限的女儿。

迫害者 ＿＿＿＿＿、＿＿＿＿＿、＿＿＿＿＿

＿＿＿＿＿ ＿＿＿＿＿、＿＿＿＿＿、＿＿＿＿＿

＿＿＿＿＿ ＿＿＿＿＿、＿＿＿＿＿、＿＿＿＿＿

文中的先生和太太，因为过去的生命经验，让他们习惯将自己摆在受害者的角色，但他们应该做的是，去正视与认识自己的伤口。

伤口的来源是什么，是什么样的状况下产生的？是原生家庭的问题吗，还是过往伤痛或受挫的生命经验？

接下来，就能清理伤口，为伤口擦药。另外，他们也可以坐下来，沟通彼此对婚姻的期待，以及在这份期待下，对方可以如何付出，如何再一次携手，迎向人生。

【附录】
关系增进卡精华版

附录一：

活用"依恋卡"

深呼吸，想象自己是一朵花，这么单纯鲜艳的绽放，你会滋养着彼此什么？所有的依恋都来源于想依附彼此的心情。在爱侣变怨偶之前有段时间其实是"质变期"，有时候这个质变很缓慢，有时候却来得更迅速。

* 例一【爱侣缓慢变怨偶】你是否有过这样的经验呢？莫名地就逃避彼此之间的冲突，也许是担心冲突会造成彼此关系更恶劣，也许是希望不要讲出伤害彼此的话。

于是在冲突时，就选择不理会对方，因此冲突转变成冷战，等彼此冷静后，好像心情和缓一点了就去吃东西。这样的方式很多人都会使用，一开始很好用，但如果跳过过多重要且关键的感受，某一天"等彼此冷静，就去吃东西"这招落空后，才突然发现两人之间很空虚，好像没什么心理上的交集和亲近，然后就变成熟悉的陌生人，两个人也觉得很孤单……

* 例二【爱侣瞬间变怨偶】你可曾遇过，对方听到某件事情，或某个关键词突然不爽，就一翻两瞪眼，将你们多年的情谊一笔勾销的经验？

有时候这种讯息很直接，有时候却很隐微，你会知道永远不能提这个关键词。例如：有些人很忌讳你背地里说他家人的坏话；有些人则是出轨一次，好像被判死刑般一直被提及小三的名字，到头来，只要听到小三的名字他就翻脸，然后你就更觉得他有鬼；有些人则是因为前女（男）友来短信，就搞得彼此不愉快到极点，要解释好像越描越黑，最后把伴侣推向前女（男）友的那一方去！

无论是【爱侣缓慢变怨偶】或是【爱侣瞬间变怨偶】，当他的反应很大，或是很在意时，其实都默默启动在他心里的一个关键开关（俗话说：他的"点"），这个点可能会引起他的羞愧、恐惧、担忧、矛盾、无助或更多的负向情绪。为了避免体验这些感受，他会反应特别大，并防卫地开始针对你。因为针对你，往往比面对自己的伤痛还要容易。但针对你，你也受伤了……关系的恶化由此开始。

说真话不容易，尤其是针对自己心里的痛点，或是说自己的需求，在我们一般生活中可说是少见，在我们的教育中，慢慢地引导彼此说真话和需要的训练更少。

每当我跟你说"你会在乎我吗？"旁边的人可能就说，不要想这么多，好好过日子。跳过的这个问题，却是你最深切的需求，在伴侣间更是重要，伴侣彼此间的安抚和照顾是安全感的来源。

所以，"依恋卡"和"愿意卡"的珍贵就在此，如果你愿意，请伸出你的手，让我们一起为彼此的亲密关系加温吧。

* 步骤一、放轻松，深呼吸，贴着自己的心，想一个自己在亲密关系中的困境。

* 步骤二、想象在其中的自己，困住的情绪有哪些？

* 步骤三、将这些情绪写下来，想想在这个情境中，其实你心里最深层的担心和害怕是什么？

例如：小米35岁了，从生孩子以后和先生之间几乎没有二人世界，两个人都大叹"回不去了！"小米说，怀第二胎时由于孕吐很严重，先生也正面临转职的压力，对小米来说更是双重压力，有苦不能言，小米很困惑，第一个孩子不足两岁还一哭二闹三黏得严重，自己和老公的心里却是充满了压力。停不下来的忙碌和混乱的心情，让小米非常无助。

* 步骤一、小米想到目前和先生面临关系的困境。

* 步骤二、这个情境的情绪包含忧虑、感伤、焦虑、无助、害怕、自责、伤心甚至是孤单。

* 步骤三、其实在小米内心里抗议和难受的是说不出来的深层需求："当我难受时，你会在乎我吗？""即便我不舒服时，你会持续对我好吗？""我知道你忙，但你会因为忙到不可开交而数落我现在的任性吗？"（邀请小米挑出以下卡片，并让小米能够穿越负面情绪的阻挠，找到深层的需求和对丈夫核心的倚赖及爱！）

* 步骤四、找机会和丈夫沟通这三步骤以来自己的所思所想，让彼此有机会更靠近。

你会在乎我吗？

你会嘲笑我吗？

你会放弃我吗？

你会持续对我好吗？

你会相信我吗？

你会介意我的缺点吗？

你会数落我吗？

你会尊重我吗？

你会伤害我吗？

你会勉强我吗？

你会珍惜我吗？

你会看不起我吗？

你会认为我是有价值的吗？

你会安抚我吗？

你会哄我吗？

你会爱护我吗？

你会拥抱我吗？

你会接受我吗？

附录二：

活用"愿意卡"

依恋卡和愿意卡可合并使用，使用完依恋卡后，如何让彼此的爱意流动？

在心理学里，伴侣之爱是需要有响应和被安抚才能够真正被满足的。但是，我们往往在爱里，忘记尊重、忘记先问问彼此的意愿，也忘记我们有时候其实不了解彼此真正的心情，就开始要求对方。

所以，第一步是如何拾回彼此的尊重，第二步才能拾回对彼此的欣赏和喜欢！

愿意卡中，有20个愿意语句，5张空白卡供您填写自己心中默默的愿望，等待伴侣的响应。每一句语句都是以"你愿意……"做开头，目的在于伴侣间往往是从愿意开始，开始照顾彼此的需求、开始打开视野看见对方的渴望，所以"愿意"是我们开始把心打开的一个入口。

当你开口询问对方，例如"你愿意为我多担待一点吗？"的时候，就开始一个慢动作分隔成一块块、一点点善意的邀请。这份邀请容易被对方收到，并非权力不平等的低姿态去跟对方乞求，而是有三个效果：

1. 因为你的态度慢下来，爱意和善意就容易从中间扩散，对方就容易感受到这些。

2. 你更能将自己的心情和愿望表露清楚，才是真正公平的互相表达，不至于因为表达不清楚而吃闷亏。

3. 卡片是另外一个使用的方式，就像是小纸条的书写，透过卡片，比当面表露还要清晰及明确，减低"看到对方就说不出来"或"看到对方就有气"这样的郁闷和不愉快的心情。

然后，等待对方把心打开承接，等待对方要给予多少保证和安抚的回应。所以，使用依恋卡后搭配愿意卡，则会使你更能贴近对方一些。

以小米的例子而言，延续步骤三和步骤四

*步骤三、其实在小米内心里抗议和难受的是说不出来的深层需求："当我难受时，你会在乎我吗？""即便我不舒服时，你会持续对我好吗？""我知道你忙，但你会因为忙到不可开交而数落我现在的任性吗？"（邀请小米挑出以下卡片，并让小米能够穿越负面情绪的阻挠，找到深层的需求和对丈夫核心的倚赖及爱！）

*步骤四、找机会和丈夫沟通这三步骤以来自己的所思所想，让彼此有机会更靠近。

步骤四的意义在于：和丈夫沟通后，让小米的心思"摊开来"说得更清楚，更清晰！

*步骤五、搭配愿意卡的使用。

接下来这个步骤是让小米挑选愿意卡，也许小米会挑"你愿意在我不舒服的时候，仍然分担我的难受恐惧吗？""你愿意包容我偶尔的自私吗？""你愿意在此时仍紧紧拥抱我吗？""你愿意当我一辈子的依赖吗？"。

（通常协助小米能讲到这些愿意时，其实也在帮助她一起走一段关系的冒险，因为说这些话是需要冒险的，对方可能能够给予这些保证，但成分没有这么多，但是可以讨论在两人之间，什么时间是比较能够给予满足感的……让彼此建立默契。）

*步骤六：协助另一方也挑选卡片，说说自己的在乎依恋卡和期待愿意卡，并沟通出彼此默契的方式度过这段时期。

你愿意珍惜我吗？

你愿意支持我吗？

你愿意信赖我吗？

你愿意把我的需求当作最重要的吗？

你愿意即使吵架，也相信我们终究会和好吗？

你愿意在我不安的时候，还待在我身边吗？

你愿意聆听我，分享最深的感受吗？

你愿意分担我的心事吗？

你愿意包容我的任性吗？

你愿意在此时，轻轻地牵起我的手吗？

你愿意无条件陪伴我吗？

你愿意让我依靠吗？

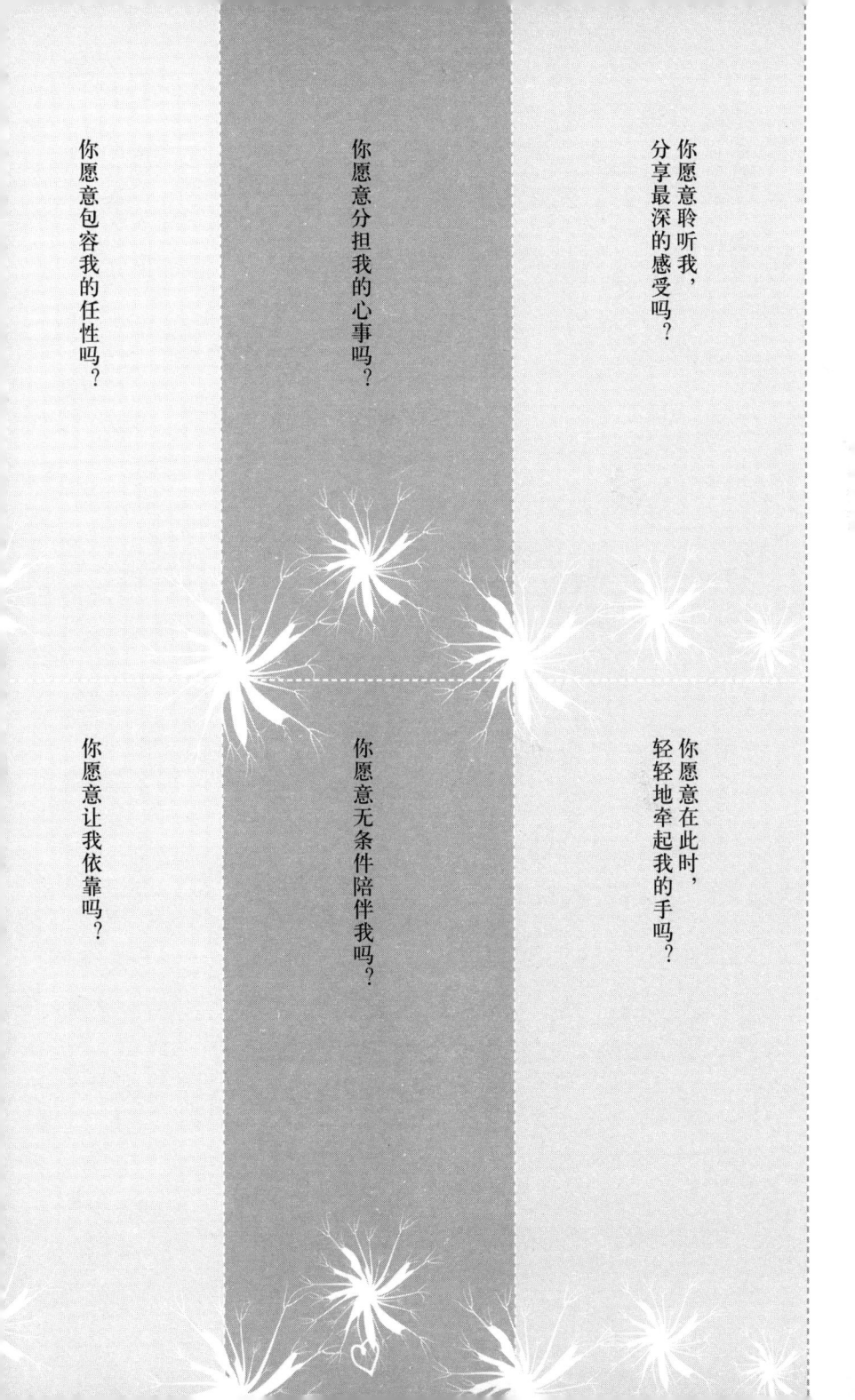

你愿意在此时，将我拥入怀中吗？

你愿意在此时，耐心聆听我吗？

你愿意在此时，默默支持我吗？

你愿意听懂我吗？

你愿意理解我吗？

你愿意陪伴我吗？